원서발췌
토템과 터부 :
미개인과 신경증 환자의 정신생활에서 몇 가지 일치점들

고전 명작을 읽는 가장 쉬운 길, ‘지식을만드는지식 원서발췌’

축약, 해설, 리라이팅이 아닙니다. 원전의 핵심 내용을 문장 그대로 가져옵니다. 작품의 오리지낼리티를 가감 없이 느낄 수 있습니다.

두껍고 읽기 어려워 책장을 덮어 버리곤 했던 고전을 발췌합니다. 해당 작품을 연구한 전문가가 작품의 정수를 가려 뽑아냅니다. 핵심만 읽기 때문에 더 빠르게 더 많은 고전을 읽을 수 있습니다. 제외된 부분은 중간중간 친절하게 요약 설명합니다. 풍부한 해설과 주석으로 전체 내용을 파악하는 데 무리가 없습니다. 정확한 번역, 적절한 윤문으로 10대에서 80대까지 누구나 쉽게 읽을 수 있습니다. 콤팩트한 사이즈와 분량이므로 간편하게 휴대할 수 있습니다. 수천 쪽의 고전을 발췌된 내용으로 읽고도 전체 의미를 파악할 수 있는 것이 지식을만드는지식 원서발췌의 매직입니다. 발췌율은 표지에 표시하고 발췌 방법은 일러두기에 상세히 밝힙니다.

고전 독자를 발췌 읽기에서 완역 읽기로, 더 나아가 원전 읽기로 안내합니다. 바쁜 현대인들에게 새로운 고전읽기 방법을 제시합니다.

원서발췌
토템과 터부 :
미개인과 신경증 환자의 정신생활에서 몇 가지 일치점들

Totem und Tabu :
Einige Übereinstimmungen im Seelenleben der Wilden und der Neurotiker

지그문트 프로이트(Sigmund Freud) 지음
강영계 옮김

대한민국, 서울, 지식을만드는지식, 2025

편집자 일러두기

- 이 책은 프로이트(Sigmund Freud)의 《Gesammelte Werke IX》(Frankfurt am Main, S. Fischer Verlag, 1978) 중 〈Totem und Tabu: Einige Übereinstimmungen im Seelenleben der Wilden und der Neurotiker〉를 번역한 것입니다.
- 이 책은 원전의 5분의 2 정도를 발췌해 번역했습니다.
- 옮긴이가 작성한 주석은 '옮긴이 주'로 표시했고, 지은이가 작성한 주석은 따로 표시하지 않았습니다.
- 독자의 이해를 돕기 위해 필요하다고 생각되는 개념에는 독일어 원어를 괄호 안에 병기했습니다.
- 괄호 안의 말과 바깥 말의 독음이 다를 때, 괄호가 중복될 때에는 [ ]를 사용했습니다.
- 외래어 표기는 현행 한글어문규정의 외래어표기법을 따랐습니다.
- 이 책은 2009년 7월 15일 한정판 '고전선집' 시리즈로 처음 출간했습니다. 2013년 9월 2일 표지를 바꿔 '천줄읽기' 시리즈로 다시 출간했다가 이번에 '원서발췌' 시리즈로 옮겨 출간합니다.

차례

토템과 터부

머리말

내가 편집한 잡지 《이마고(Imago)》에 최초 2년간에 걸쳐서 현재 이 책의 부제목으로 발표되었던 다음의 네 논문들은 민족심리학의 해명되지 못한 문제들에 정신분석학의 관점들과 성과들을 적용하려는 나의 첫 번째 시도에 해당한다. 따라서 이 논문들은 한편으로 비분석적 심리학의 가설과 연구 방식을 나와 똑같은 의도로 이용할 수 있게끔 하는 분트(W. Wundt)의 방대한 저작과 방법론적으로 대립하며, 다른 한편으로는 민족심리학적 재료를 끌어들여서 개인심리학의 문제들을 해결하고자 하는 취리히 정신분석학파의 작업[1)]과도 대립된다. 나는 이들 두 측면으로부터 가장 큰 자극을 받고 나 자신의 연구를 시작하게 되었다는 것을 기꺼이 인정하고 싶다.

나는 이 연구들의 결함을 잘 알고 있다. 나는 이와 같은

---

1) 융(C. G. Jung), 〈리비도의 변형과 상징(Wandlungen und Symbole der Libido)〉 《Jahrbuch für psychoanalytische und psychopathologische Forschungen》 Bd. IV(1912). 같은 저자의 〈정신분석학 이론의 서술에 대한 시도(Versuch einer Darstellung der psychoanalytischen Theorie)〉 앞의 책 Bd. V(1913)를 참조할 것.

미개척 분야의 성격을 가지고 있는 연구에 속하는 것들은 다루지 않을 것이다. 그러나 다른 연구들은 해명할 말이 필요하다. 여기에서 하나로 통일된 논문 네 편은 교육 수준이 상당한 사람들의 관심을 목표로 삼은 것이긴 해도 정신분석학의 원래 특성 때문에 정신분석학이 더 이상 낯설지 않은 소수의 사람들에 의해서만 이해되고 평가받을 수 있다. 이 논문들은 한편으로 민족학자(Ethnologe), 언어 탐구자(Sprachforscher), 민속학자(Folklorist) 사이를 매개하고 또 한편으로는 정신분석학자들을 매개하려고 하지만, 양자에 결여된 것을 양자에게 부여할 수는 없다. 말하자면 이 논문들은 민족학자, 언어 탐구자, 민속학자에게는 새로운 심리학적 기술(技術)을 만족할 만큼 안내할 수 없으며, 정신분석학자들에게는 분석 작업에 필요한 자료를 충분히 다룰 기회를 줄 수 없다. 따라서 이 논문들을 가지고서는 두 분야들의 주의를 환기하고, 두 분야가 자주 함께 교류하는 것이 탐구를 위해서 무익할 수 없다는 기대를 촉구하는 것으로 만족하지 않으면 안 되겠다.

이 작은 책의 표제가 된 두 가지 주요 주제들인 토템(der Totem)과 터부(das Tabu)는 이 책에서 똑같은 방식으로 다루어지지 않는다. 터부의 분석은 문제를 전적으로 확실하게 논구하는 해결의 시도로서 등장한다. 토테미즘에 관한 연구는, 정신분석학적 관찰이 토템 문제의 해명에 지금으로서 기여할 수 있는 것은 이 정도라고 설명하는 것에 머문다. 이러한 차이는 다음과 같은 사실에 연관되어 있다. 즉 원래 터부는 여전히 우리들의 내면에 계속해서 남아 있다. 비록 부정적으로 파악되고 또 다른 내용을 향한다고 할지라도, 터부는 자신의 심리학적 본성에 따라서 강박적으로 작용하려고 하며 모든 의식적인 동기부여를 거부하는 칸트의 '정언명법(der kategorischer Imperativ)'과 다른 것이 아니다.[2] 이에 반해서 토테미즘은 오늘날 우리들의 감정에서 멀어진 제도이며, 실제로 오래전에 포기되고 보다 더 새로운 형식으로 대치된 종교적 · 사회적 제도로서 현재의 문화민족의 삶에서 종교와 풍습 및 관습에 단지 희미한 흔적만을 남겼다. 오늘날에도 여전히 토테미즘에 의존하고 있는 민족들에게 있어서까지도 토테미즘은 엄청난 변화를 겪지 않으면 안 되었다. 인류 역사의 사회적 · 기술적 진보는 터부보다는 토템에 훨씬 더 큰 영향을 미칠 수 있었다. 이 책에서는 토테미즘의 유아기적 흔

---

2) (옮긴이 주) 칸트는《실천 이성 비판》에서 인간에게는 보편적인 도덕법칙이 있다고 주장하고 그것을 정언명법이라고 불렀다. 정언명법의 내용은 "타인을 나 자신과 마찬가지로 수단으로 대하지 말고 목적으로 대하라"다.

적으로부터 토테미즘의 근원적 의미를 알아내려는 시도가 감행되었다. 즉 유아기적 흔적이라는 암시를 통해서 토테미즘은 우리들 자신의 어린아이들의 발달 과정에서 다시금 드러난다. 토템과 터부의 긴밀한 결합 관계는 여기에서 대변되는 가설에 이르는 앞으로의 길들을 제시한다. 그리고 비록 이 가설이 결국 개연성이 없는 것으로 나타난다고 할지라도, 이와 같은 성격은 확실히 다음과 같은 가능성에 대해서 이의를 제기하지 않는다. 즉 이 가설은 재구성하기 어려운 현실에 다소 가깝게 접근할 수 있었을 것이다.

1913년 9월, 로마

1. 근친상간의 공포

우리들은 선사시대의 인간을 그가 거쳐온 발전 단계들에서 안다. 즉 그가 우리들에게 남긴 광물성 기념물과 도구를 통해서, 우리들이 직접적으로, 아니면 전설 · 신화 · 동화 등의 전승된 형태로 보존하는 그의 예술, 종교 · 인생관에 관한 정보를 통해서, 우리들 자신의 풍습과 습관에 있는 그의 사고방식의 잔재를 통해서 우리들은 선사시대의 인간을 안다. 그러나 그 이외에도 그는 여전히 어떤 의미에서는 우리와 동시대인이다. 우리들이 다음처럼 믿는 사람들이 여전히 살고 있다. 즉 그 사람들은 우리들보다 원시인과 훨씬 더 가까운 거리에 있으며, 그러므로 우리들은 그들 속에서 원시인들의 직계와 대변인을 바라보게 된다. 우리들은 소위 미개인과 반(半)미개민족에 관해서 그렇게 판단한다. 만일 우리들이 선사시대의 인간 안에서 우리들 자신의 발달 과정의 전(前) 단계가 잘 보존되어 있다는 것을 알 수 있다면, 미개민족의 정신생활은 우리들의 특별한 관심을 끌 것이다.

만일 이 전제가 적절하다면 민족학이 가르쳐주는 '원시민족의 심리학(Psychologie der Naturvölker)'과 정신분석학을 통해서 알려진 신경증 환자의 심리학(Psychologie des Neurotikers)의 비교는 틀림없이 수많은 일치점들을 제시할 것이고 또한 우리들로 하여금 원시민족의 심리학과 신경증 환자의 심리학에서 이미 알려진 것을 새로운 관점에서 볼 수 있게끔 한다.

내적 이유와 마찬가지로 외적 이유에서, 나는 이와 같은 비교를 위해 민족학자들이 가장 낙후되고 가장 하찮은 미개인으로 기술한 인종, 곧 가장 새로운 대륙인 오스트레일리아의 원주민을 택한다. 오스트레일리아의 동물 구계(區系)는 다른 곳에서는 소멸되고 만 수많은 태곳적의 것(Archaisches)을 여전히 보존하고 있다는 것을 우리는 알 수 있다.

오스트레일리아의 원주민은 특수한 종족으로 고찰되는데, 이들은 그들과 인접한 이웃들, 곧 멜라네시아인, 폴리네시아인, 말레이인들과 신체적으로나 언어적으로 친척 관계를 가지고 있지 않은 것으로 알려졌다. 이들은 집을 짓지 않을 뿐만 아니라 고정된 오두막도 만들지 않으며 땅을 갈지도 않고 개를 제외하고는 어떤 동물도 가축으로 기르지 않고, 도자기 만드는 기술조차 알지 못한다. 그들은 오로지 자기들이 잡은 온갖 종류의 동물의 고기와 자기들이 파내는 식물의 뿌리에서 영양분을 취한다. 그들은 왕들이나 추장들도 알지 못하며, 나이 먹은 사람들의 모임이 공동체의 일에 관해서 결정한다. 보다 높은 존재를 섬기는 형식을 가진 종교의 흔적을 그들에게서 찾을 수 있는지는 전적으로 의심스럽다. 물 부족 때문에 가장 험난한 생존 조건과 싸우지 않으면 안 되는 대륙 오지의 원주민들은 대양 연안의 원주민들보다 모든 면에서 보다 더 원시적인 것으로 보인다.

확실히 우리들은 이 비참하고 벌거벗은 식인종들에게서, 그들이 성생활에서 우리 식으로 도덕적일 것이라고, 그리고 그들의 성 충동은 심한 제한을 받는다고 기대하지 않을 것이다. 그렇지만 우리들은 다음과 같은 사실을 경험한다. 즉 그들은 매우 세심하게, 그리고 뼈아플 정도로 엄격하게 근친상간적 성관계를 방지하는 것을 목표로 삼았다. 실로 그들의 전체적인 사회 기구가 그와 같은 의도에 기여하거나 그러한 의도의 달성과 연관하게 된 것으로 보인다.

오스트레일리아 원주민들에게는 온갖 종교적 · 사회적 제도들이 결여되어 있는 대신에 토테미즘의 체계가 존재한다. 오스트레일리아 원주민들은 작은 규모의 혈족이나 씨족으로 나뉘며, 그중 각각은 자신의 토템에 따라서 이름을 짓는다. 그런데 무엇이 토템인가? 토템은 보통 먹을 수 있고 해롭지 않은 동물이거나 위험하고 두려운 동물이며, 드물게는 식물이나 혈족 전체가 특별한 관계를 맺고 있는 자연의 힘(비나 물)이다. 우선 토템은 혈족의 조상이지만 다음으로는 그 혈족에게 신탁(神託)을 내려주는 수호 정령이자 보호자이기도 하며, 토템은 다른 혈족에게는 위험하지만 자신의 아이들은 알아보고 지켜준다. 이에 대하여 토템의 동료들인 혈족 구성원들은 자발적으로 부과된 신성한 의무를 지는데, 그들은 자기들의 토템을 죽여서도(소멸시켜서도) 안 되고 그 고기를(고기 말고도 토템이 제공하는 즐거움을) 보존해서도 안 된다. 토템의 성격은 어떤 개별 동물이나 개별 존재에 결부되어 있는 것이 아니고 같은 종류의 모든 개체들에 결부되어 있다. 때때로 축제들이 열렸고, 축제에서 토템 구성원들은 의식적(儀式的)인 춤을 추면서 자기들의 토템의 동작과 특징을 묘사하거나 흉내 낸다.

토템은 모계로 전해지거나 부계로 전해진다. 아마도 어디에서나 모계 전승이 근원적이었을 것이고 나중에 와서야 그것은 부계 전승으로 대치되었을 것이다. 토템에 대한 귀속성은 오스트레일리아 원주민에게 모든 사회적 의무의 바탕이다. 이러한 토템에 대한 귀속성은 한편으로 혈족 관계보다 우위에 서기도 하며 다른 한편으로는 혈연

관계보다 앞서기도 한다.[3]

토템은 특정한 장소나 지역에 국한되어 있지 않다. 토템 구성원들은 서로 떨어져서 거주하면서도 다른 토템 숭배자들과 평화롭게 함께 살아간다.[4]

---

3) 프레이저(J. G. Frazer), 《토테미즘과 족외혼(Totemism and Exogamy)》 Bd. I, 53쪽. 토템에 의한 결속은 근대적 의미에서의 혈연이나 가족의 결속보다 더 강하다.

4) 토테미즘 체계에 대한 이 지나치게 간략한 요약은 설명과 관계 설정을 필요로 할 수 있다. 토템이라는 명칭은 1791년 영국인 롱(J. Long)이 북아메리카 인디언으로부터 토탐(Totam)의 형식으로 이어받아 사용했다. 토탐이라는 대상 자체는 점차 학문에서 큰 관심을 불러일으켰으며 매우 많은 문헌이 나오기 시작했다. 그중에서 나는 주요 저작으로 다음의 문헌을 추천하고 싶다. 네 권으로 된 프레이저의 《토테미즘과 족외혼》과 앤드루 랭(Andrew Lang)의 《토템의 비밀(The Secret of the Totem)》(1905). 인류의 태고사(太古史)에서 토테미즘의 의미를 인식한 업적은 스코틀랜드인 퍼거슨 매클레넌(J. Ferguson McLennan)이 발표한 논문들(1869~1870)에 돌아가야 당연하다. 토테미즘 제도는 과거나 오늘날에도 여전히 오스트레일리아 원주민 이외에 북아메리카 인디언에게서도 관찰되며, 더 나아가서는 대양주 군도의 민족들에게서, 그리고 동인도와 아프리카의 대부분에서도 관찰된다. 달리 해명하기 어렵지만, 유럽과 아시아의 원시 아리안족과 셈족에게도 토테미즘이 있었다는 것을 암시하는 흔적과 유물이 있다. 그렇기 때문에 많은 연구자들은 토테미즘 안에서 인류 발달의 필연적이며 도처에서 거쳐야 했던 국면을 인식하는 경향이 있다.
대체 선사시대의 인류는 어떻게 토템을 가지게 되었는가? 곧 어떻게 그런데 이제 우리들은 결국 정신분석학자의 관심을 끌어온 그러한 토테미즘 체계의 특징에 관해서 말하지 않으면 안 된다. 토템이 통용되는 거의 모든 곳에서는, 동일한

자기들이 이러저러한 동물로부터 유래했다는 것을 알며, 우리들이 나중에 듣게 되겠지만, 어떻게 그 동물을 자기들의 사회적 의무와 아울러 자기들의 성적 제약의 기초로 삼게 되었는가? 여기에 관해서는 수많은 이론이 있다. 독일어권 독자는 그 이론들의 조망을 분트(Wundt)의 《민족심리학(Völkerpsychologie)》[제2권, 《신화와 종교(Mythos und Religion)》]에서 발견하겠지만, 다른 학설과는 조금도 일치하지 않는다. 나는 머지않아 토테미즘의 문제를 특수한 연구 대상으로 만들 것을 약속한다. 이 연구에서 문제의 해결은 정신분석학적 사고방식의 적용을 통해서 시도되어야만 할 것이다(이 책의 네 번째 논문을 참조할 것). 그러나 토테미즘의 이론은 논쟁 대상이 되는 것은 물론이고, 토테미즘의 사실도 내가 앞에서 시도한 것처럼 거의 일반적인 명제로 표현할 수 없다. 우리들이 예외나 모순을 지적하지 않을 수 없는 주장은 거의 존재하지 않는다. 그러나 우리들은 다음의 사실을 잊어서는 안 된다. 즉 어떤 의미에서는 가장 원시적이며 보수적인 민족도 유서가 깊은 민족이며, 그들에게 근원적인 것은 오랜 시간에 걸쳐 많은 발달과 왜곡 과정을 경험했다는 것이다. 그러므로 오늘날 우리들은 토테미즘을 여전히 보여주는 민족들의 경우, 토테미즘이 쇠퇴했거나 붕괴되었거나, 또 다른 사회적 · 종교적 제도로 이행했거나 원래의 존재에서 완전히 멀어진 것으로서의 고정적 형태를 가지고 있는 것을 발견한다. 그렇다면 지금의 관계에서 어떤 것이 의미 있는 과거의 충실한 복사인지, 그리고 어떤 것을 과거의 2차적인 변형으로 파악해야 하는지를 결정하기가 결코 쉽지 않다는 데 어려움이 있다.

토템에 속하는 구성원들은 서로 성관계를 가져서는 안 되고, 따라서 서로 결혼해서는 안 된다는 법칙도 성립한다. 이것은 토템과 결합된 족외혼(族外婚, Exogamie)이다.

그러나 우리들이 개별 결혼을 합동 결혼으로 대치할 경우, 우리들은 겉으로 드러나는 극심한 정도의 근친상간 기피가 이들 종족에게 있다는 것을 알게 된다. 토템을 바탕으로 삼은 족외혼(Totemexogamie)은 동일한 씨족 구성원들 간의 성관계 금지인데, 이것은 집단 근친상간(Gruppeninzest)을 방지하기 위한 적절한 수단으로 보이며 결국 이 수단은 오랫동안 자신의 동기부여를 지속시켰다.

만일 우리들이 미개한 오스트레일리아 원주민들의 결혼의 제약들을 그것들의 동기부여에서 이해했다고 믿는다면, 우리들은 여전히 다음 사실을 경험하지 않으면 안 된다. 즉 실제 관계는 첫눈에 보아도 혼란스럽고 매우 복잡하다는 것을 알 수 있다. 말하자면 오스트레일리아의 부족들 중 오직 토템에 대한 제한만을 금지로 보여주는 부족은 거의 없다. 오스트레일리아 원주민의 대부분은 우선 우리들이 통혼 구분(Heiratsklasse-phratries)이라고 부른 두 단위에 속하도록 조직되어 있다. 이러한 각각의 통혼 구분은 족외혼을 따르며 다수의 토템 부족을 포함한다. 관습적으로 개개의 통혼 구분은 두 개의 하위 구분(sub-phratries)으로 나뉘고, 따라서 종족 전체는 네 개의 하위 구분으로 나뉜다. 그러므로 하위 구분은 통혼 구분과 토템 부족의 사이에 자리 잡는다.

따라서 어떤 오스트레일리아 종족의 전형적인, 그리고 매우 빈번하게 실현된 조직의 도표는 다음과 같다.

열두 개의 토템 부족은 네 개의 하위 구분과 두 개의 통혼 구분에 속해 있다. 모든 단위 부족들은 족외혼을 따른다.[5] 하위 구분 c는 e와 함께, 그리고 하위 구분 d는 f와 함께 족외혼 단위를 형성한다. 이 제도의 결과, 말하자면 경향은 의심의 여지가 없다. 즉 이렇게 해서 배우자 선택과 성적 자유는 한층 더 제한받게 된다. 만일 열두 개의 토템 부족만 존재한다면—각 부족에는 동일한 수의 구성원이 있다고 전제할 경우—각 부족의 남자 구성원은 이 종족에 속하는 모든 여자들의 12분의 11에 해당하는 여자들을 선택할 수 있다. 두 개의 통혼 구분의 존재는 남자가 선택할 수 있는 여자들의 수를 12분의 6, 곧 2분의 1로 제한한다. 즉 토템 부족 α에 속하는 남자는 오직 토템 부족 1부터 6

5) 나는 토템의 수를 임의로 골랐다.

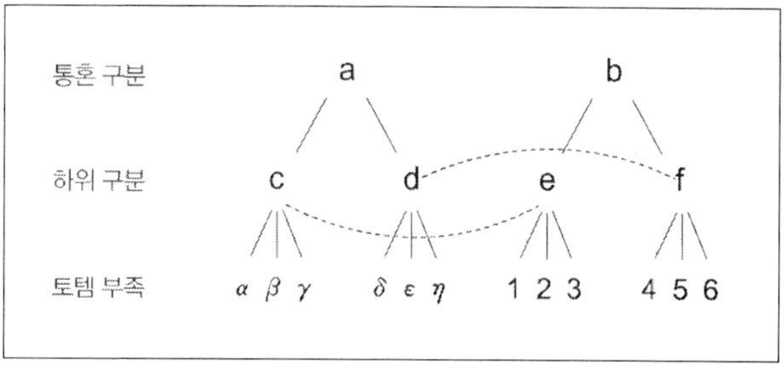

까지의 여자와만 결혼할 수 있다. 두 개의 하위 구분이 들어서기 때문에 남자의 선택은 12분의 3, 곧 4분의 1로 줄어든다. 토템 부족 α에 속하는 남자는 자신의 배우자 선택을 토템 부족 4, 5, 6의 여자들로 제한하지 않으면 안 된다.

통혼 구분—몇몇 부족에게는 여덟 개까지 있는데—과 토템 부족의 역사적 관계는 전혀 밝혀져 있지 않다. 우리들은 오직 다음의 사실만을 안다. 즉 이 제도는 토템 족외혼과 똑같은 것에 도달하고자 하며, 나아가 그 이상의 것에 도달하려고 노력한다. 그러나 우리들은 토템 족외혼이 어떻게 생겼는지는 모르지만 이미 성립되어 있는 신성한 제도, 말하자면 풍습의 인상을 주는 데 비해서, 통혼 구분과 하위 구분, 그리고 이들 두 가지로 연결된 조건에서 생긴 복잡한 제도는 다시 한 번 근친상간을 방지하는 역할을 대신할 수 있게 하기 위한, 명백한 목적의식에서 정해진 것으로 여겨진다. 왜냐하면 토템의 영향이 쇠퇴했기 때문이다. 그리고 우리들이 아는 것처럼 토템 종족의 체계는 다른 모든 사회적 의무와 윤리적 제한의 기초임에 비해서 통혼 구분의 의미는 일반적으로 통혼 구분이 도달하고자 애쓴 배우자 신탁의 제한으로 그쳐버린다.

통혼 구분 제도가 더 발달하면서 자연적 근친상간 및 집단 근친상간을 방지하는 것을 넘어서 꽤 먼 친척 집단과의 결혼도 금지시키려는 노력이 나타난다. 이것은 마치 이전까지는 형제자매에게 적용되던 금혼(Heiratverbot)을 종(從)형제자매에게까지 연장하고 거기에다 영적인 친연 관계[6]까지 포함시킨 가톨릭교회가 행한 것과 유사하다.[7]

우리들은 통혼 구분의 유래와 의미, 그리고 통혼 구분과 토템과의 관계에 대한, 특히 혼란스럽고 해명되지 않은 논의에 한층 더 깊이 들어가 보았다. 그것은 우리들의 관심에 거의 도움이 되지 못할 것이다. 우리들의 목적을 위

---

6) (옮긴이 주) 영적인 친연 관계(die geistlichen Verwandtschaltgrade): 가톨릭교회에서 대부, 대모, 대자 등이 맺는 관계를 말한다.

7) 《브리태니커 백과사전(Encyclopedia Britannica)》(11판, 1911). 랭의 논문 〈토테미즘(Totemism)〉을 참조할 것.

해서는, 오스트레일리아의 원주민과 다른 미개민족들이 근친상간을 방지하기 위해서 매우 세심한 주의를 기울였다는 것을 언급하는 것으로 족하다.[8] 우리들은 이 미개인들 자신이 우리들보다 더 근친상간에 민감하다고 말하지 않으면 안 된다. 아마도 그들에게는 근친상간의 유혹이 가깝게 있었기 때문에 그와 같은 유혹에 대응할 만한 충분한 방어가 필요했을 것이다.

그러나 이 민족들의 근친상간의 공포는, 우리가 보기에 주로 집단 근친상간에 대항하는 것으로 여겨지는 그러한 제도의 수립을 통해서는 만족스럽게 성립되지 못한다. 우리들은 여기에다 우리들의 의미에서 개별적인 근친상간을 방지하는 일련의 '풍습(Sitte)'을 보태지 않으면 안 된다. 이 풍습은 바로 종교적인 엄격함을 가지고 있으며, 그것의 의도는 전혀 의심스러운 것으로 나타날 수 없다. 우리들은 이 풍습 또는 금지 풍습을 '기피(Vermeidung)'라고 부를 수 있다. 이 풍습은 오스트레일리아 토템 종족을 넘어서 널리 분포한다. 그러나 나는 여기에서 독자들에게, 풍부한 자료에서 추려낸 단편적인 것들로 만족해 주기

8) 이 점에 대해서는 최근 슈토르퍼(A. J. Storfer)가 처음으로 자신의 연구 〈아버지 살해의 특수한 지위에 대하여(Zur Sonderstellung des Vatermordes)〉(1911)에 명백하게 주의를 환기했다.

를 부탁하지 않으면 안 된다.

멜라네시아인들에게 이와 같은 제한적 금지는 사내아이가 어머니 및 여자 형제들과 성관계를 가지는 것을 금지하는 것을 목표로 삼는다. 그래서 예컨대 뉴헤브리디스 제도에 속하는 리퍼스 섬에서, 사내아이는 일정한 나이가 되고부터는 어머니의 집을 떠나서 규칙적으로 잠자고 식사하는 '회관'으로 거처를 옮긴다. 사내아이는 양식을 구하기 위해서 자신의 원래 집을 방문할 수는 있다. 그러나 자신의 여자 형제들이 집에 있으면, 그는 얻어먹기 전에 집을 떠나지 않으면 안 된다. 어떤 여자 형제도 집에 없으면, 그는 얻어먹기 위해서 문 가까이에 앉아도 좋다. 그와 여자 형제가 우연히 문밖에서 마주치면, 여자 형제는 도망치거나 옆쪽으로 숨지 않으면 안 된다. 만일 사내아이가 모래에서 어떤 발자국을 자기의 여자 형제 것으로 알게 될 경우, 그는 그 발자국을 따라가서는 안 되고, 그것은 여자 형제의 경우도 마찬가지다. 절대 사내아이는 여자 형제의 이름을 입 밖으로 말해서는 안 되고, 보통 하는 말에도 여자 형제의 이름을 구성하는 부분이 들어 있으면 그것을 말하지 않도록 주의해야 한다. 성년식과 함께 시작하는 이와 같은 기피는 삶 전체에 걸쳐서 굳게 지켜진다. 어머니와 아들 간의 소원해짐은 해가 갈수록 증가하며 더욱이 어머니 편에서 압도적으로 증가한다. 어머니가 다 자란 아들에게 어떤 먹을 것을 갖다줄 때, 어머니는 자신이 직접 아들에게 그것을 건네서는 안 되고 아들 앞에 놓아야 한다. 어머니는 아들에게 친밀하게 말해서는 안 되고, 아들에게 — 우리들의 말하는 법에 따르면 — '너(Du)'라고 부르지 말고 '당신(Sie)'이라고 불러야 한다. 뉴칼레도니아에서도 이와 유사한 풍습이 있다. 만일 사내아이와 여자 형제가 서로 마주치면, 여자 형제는 숲 속으로 달아나며 사내아이는 여자 형제 쪽으로 머리를 돌리지 않고 지나친다.[9)]

9) 코드링턴(R. H. Codrington), 프레이저가 《토테미즘과 족외혼》에서 인용한 《멜라네시아족(The Melanesians)》(1891)을 참조할 것.

2. 터부와 감정 자극의 양립

터부(Tabu)는 폴리네시아 말인데, 우리들은 이 말이 가리키는 개념을 가지고 있지 않기 때문에 우리가 이 말을 번역하는 것은 쉬운 일이 아니다. 고대 로마인들에게는 이 개념에 해당하는 말이 있었는데, 그들의 사케르(sacer, 거룩한)는 폴리네시아인들의 터부와 동일하다. 그리스인들의 아고스(agos 또는 hagos, 종교적으로 경외의 대상이 되는 것), 히브리인들의 카데스(kadesh)는 분명히 폴리네시아인들의 터부를 통해서, 그리고 아메리카와 아프리카(마다가스카르)와 북아시아 및 중앙아시아의 많은 민족들이 유사한 말을 통해서 표현하는 것과 똑같은 것을 의미했을 것이다.

우리들이 보기에 터부의 의미는 서로 상반된 두 방향으로 향한다. 그것은 한편으로는 '신성한(heilig)', '봉헌된(geweiht)'을 의미하며, 다른 한편으로는 '끔찍한(unheimlich)', '무서운(gefährlich)', '금지된(verboten)', '순수하지 못한(unrein)' 등을 의미한다. 폴리네시아어에서 터부의 반대말은 '보통의' 또는 '일반적으로 접근 가능한'을 의미하는 노아(noa)다. 따라서 터부에는 조심성

(Reserve)이라는 개념과 같은 어떤 것이 결부되어 있으며, 터부는 역시 본질적인 금지와 제한에서 드러난다. 우리들의 복합어인 '신성한 두려움(heilige Scheu)'은 빈번히 터부의 의미와 일치할 것이다.

터부에 의한 제한들은 종교적 또는 도덕적 금지와는 다른 어떤 것이다. 터부에 의한 제한들은 신의 계율을 바탕으로 삼지 않고 원래 자기 자신에 의해서 금지된다. 터부에 의한 제한들은, 매우 일반적인 절제를 필수적인 것으로 선언하고 이와 같은 필수성의 근거를 정립하는 체계에 속하지 않으므로 도덕적 금지와 다르다. 터부 금지들은 모든 근거 정립을 결여하고 있다. 그것들은 기원이 알려져 있지 않다. 우리들은 터부 금지들을 이해할 수 없지만, 그것들의 지배를 받는 그러한 사람들에게 터부 금지들은 자명한 것으로 나타난다.

분트는 터부를 일컬어 가장 오래된 인류의 불문 법전(不文法典)이라고 부른다.[10] 터부가 신들보다 더 오래되었고 그것의 기원은 모든 종교에 선행하는 시기로 돌아간다는 것은 일반적으로 받아들여진다.

우리들이 터부를 정신분석학적으로 고찰하기 위해서

---

10) 분트, 《민족심리학》 제2권, 《신화와 종교》(1906), 308쪽.

는 터부에 대한 공평한 설명을 필요로 하기 때문에, 이제 나는 《브리태니커 백과사전》의 '터부' 항목을 다음처럼 발췌하기로 한다. 이 항목은 토머스(Northcote W. Thomas)가 작성했다.[11]

"엄밀히 말해서 터부는 오직 다음과 같은 것들만 포함한다. (a) 사람이나 사물의 신성한(또는 부정한) 성격, (b) 이와 같은 성격으로부터 생기는 일종의 제한, (c) 그와 같은 금지를 범할 때 생기는 신성(또는 부정)함. 폴리네시아인들은 터부의 반대말을 '노아'라고 부르는데, 이 말은 '통상적으로' 또는 '평범한'을 의미한다…."

"더 넓은 의미에서 우리들은 여러 종류의 터부를 구분할 수 있다. 1. 어떤 사람이나 사물에 깃들어 있는 신비스러운 힘[마나(Mana)]인 자연적 또는 직접적 터부. 2. 다른 것으로부터 전달된 또는 간접적인 터부. 이것 역시 신비스러운 힘에서 생기지만, (a) 나중에 획득된 것이거나 (b) 사제(司祭)나 추장 또는 다른 누군가에 의해서 전해진 것이다. 3. 앞의 두 가지 터부들 사이의 중간을 유지하는 터부. 예컨대 남자가 여자를 자신의 것으로 만드는 것에 있

---

11) 《브리태니커 백과사전》(11판, 1911). 여기에는 가장 중요한 문헌 목록도 있다.

어서처럼, 말하자면 양쪽의 요인들이 고려될 경우의 터부가 있다. 터부라는 명칭은 다른 의식적(意識的) 제한에도 적용되지만, 우리들은 종교적 금지라고 일컬어져도 괜찮은 모든 것을 터부로 여겨서는 안 된다."

"터부의 목표들은 다음처럼 종류가 다양하다. 직접적인 터부는 다음을 목적으로 삼는다. (a) 추장과 사제 등 중요한 인물과 대상들을 피해 볼 수 있는 것으로부터 보호한다. (b) 사제와 추장의 힘센 마나(주술적인 힘)로 부터 약자들－아녀자와 일반인들－을 안전하게 지킨다. (c) 시체의 접촉 또는 특정한 음식 등의 향유와 결합된 위험으로부터 보호한다. (d) 출생, 성년식, 결혼, 성적 활동 등 중요한 삶의 활동에 장애가 생기지 않게끔 안전하게 지켜준다. (e) 신들이나 정령들의 힘이나 분노로부터 인간 존재를 보호해 준다.[12] (f) 태아와 유아가 자기들의 양친과 특히 상호 공감적 관계를 가지고 있을 경우에 그들이 양친과 함께한 특정한 행동, 예컨대 양친과 함께 먹은 특정한 음식이 초래할 수 있는 위험으로부터 태아와 유아를 보호한다. 터부의 또 다른 사용은 개인의 재산, 연장, 밭 등을 빼앗기

12) 이 문맥에서는 터부의 이와 같은 사용을 근원적이지 않은 것으로서 도외시할 수 있다.

지 않도록 보호하는 것이다."

"터부를 위반하는 데 대한 처벌은 원래 내면적으로, 그리고 자동적으로 작용하는 어떤 제도에 맡겨진다. 손상당한 터부 스스로가 복수한다. 나중에 터부와 관계를 맺게 되는 신들과 정령들의 표상이 생기면, 원시인들은 신성한 힘이 자동적으로 처벌하기를 기대했다. 또 다른 경우, 아마도 이 개념이 한층 더 발달했기 때문이겠지만 사회는 동료를 위험에 빠뜨리는 행위를 한 범법자를 처벌하는 역할을 떠맡는다. 이렇게 인류 최초의 형벌 제도도 터부와 연관된다."

"터부를 위반한 자는 그렇게 함으로써 그 자신이 터부가 되었다. 터부를 손상시켜서 생기는 특정한 위험들은 속죄 행위와 정화 의식(淨化儀式)을 통해서 제거될 수 있다."

"터부의 원천은 고유한 마력으로 여겨지는데, 이 마력은 사람과 정령에 있는 것으로서 사람과 정령으로부터 생명이 없는 대상들을 통해서 전달될 수 있다. 터부인 사람이나 사물은 대전체(帶電體)와 비교될 수 있다. 그러한 사람이나 사물은 가공할 힘을 가지고 있다. 이 힘은 접촉에 의해서 다른 사물로 전달될 수 있으며, 방전을 생기게 하는 유기체가 힘이 약해서 방전을 견디기 어려울 경우 대전체로부터 떨어지면서 파괴적인 결과를 초래한다. 그러므로 터부를 손상시켰을 때의 결과는 터부의 대상이 가지고 있는 마력의 강도에 의존할 뿐만 아니라, 터부를 위반한 자가 가지고 있는, 이 힘에 대항하는 마나의 강도에도 의존한다. 그래서 예컨대 왕과 사제는 막강한 힘의 소유자들이고, 신하들이 이들과 직접 접촉할 경우, 신하들을 기다리는 것은 죽음뿐일 것이다. 그러나 일상적인 마나보다 더 강한 마나를 소유한 장관이나 다른 인물은 왕과 사제와 교제해도 무사하며, 이와 같은 미개인들은 다시금 자기들의 부하들을 위험에 빠뜨리지 않고 자기들에게 접근하는 것을 허락할 수 있다. 전달된 터부도 그것의 의미에 있어서는 터부를 전달한 사람의 마나에 의존한다. 만일 왕이나 사제가 터부를 부과한다면, 그것은 일상적인 사람이 터부를 제시하는 것보다 더 효과적이다."

속죄 의식(Sühnezeremonie)을 통해서 터부의 제거를 시도하는 것은 바로 터부의 전이성(轉移性)에 의해서 동기를 부여받는다.

"영구적인 터부와 일시적인 터부가 존재한다. 사제와 추장은 첫 번째 터부이며 마찬가지로 사자(死者)와 사자에게 속하는 모든 것도 첫 번째 터부다. 일시적 터부는 어떤 상태에 연계되는데, 말하자면 생리와 분만에, 원정 전과 후의 전사(戰士)의 상태에, 그리고 고기잡이와 사냥 등의 행위에 밀접하게 연계되어 있다. 일반적인 터부는 또한 교회의 파문(das kirchliche Interdikt)과 마찬가지로 광범위한 지역에 부과되고 오랫동안 유지될 수 있다."

만일 내가 독자들의 인상을 옳게 평가했다면, 터부에 대한 나의 이와 같은 온갖 설명에도 불구하고 독자들은 이 말을 무엇으로 생각하는지, 그리고 독자들이 그들의 사고에서 터부라는 것을 어디에 가져다 놓을 수 있는지 제대로 알지 못했으리라고 지금 나는 감히 주장한다. 이것은 확실히 독자들이 나에게서 얻은 불충분한 정보의 결과이며, 터부와 미신, 영혼신앙 및 종교의 관계에 대한 모든 논의를 생략한 결과다. 그러나 다른 한편으로 우리들이 터부에 관해서 알고 있는 것의 상세한 묘사는 오히려 더 혼란을 일으키지 않을지 나는 두려우며, 터부라는 주제는 실제로 매우 애매모호하다는 것을 확실히 말하고 싶다. 따라서 일련의 제한들이 문제되는데, 이들 원시민족들은 그러한 제한들에 복종하고 있었다. 이러저러한 것이 금지되었고, 원시민족들은 왜 그런지 알지 못하며, 그들에게는 왜 그런지 물을 생각조차 떠오르지 않았고, 그들은 자명한 것으로 그 제한들에 복종하며, 그 제한들에 대한 위반은 저

절로 가장 혹독하게 처벌받는다고 확신한다. 그와 같은 금지를 알지 못하고 위반해도 실제로 자동적으로 처벌받았다는 보고는 얼마든지 존재한다. 예컨대 금지된 짐승을 잡아먹은 순진한 범죄자가 매우 의기소침해져서 자신의 죽음을 기다리다가 정말로 죽어버리고 만다. 금지가 목표로 삼는 것은 주로 향락 가능성, 이주의 자유 및 교제의 자유를 제한하는 것이다. 많은 경우 금지는 의미심장한 것으로 여겨지며, 분명히 금욕과 체념을 뜻하며, 또 다른 경우 금지는 그 내용에 따라서 전혀 이해할 수 없고, 무가치한 사소한 것에 해당하며 전적으로 일종의 의식적(儀式的)인 것으로 여겨진다. 이 모든 금지들에는 마치 금지들이 필연적이라는 이론과 같은 어떤 것이 기본으로 깔려 있는 것처럼 여겨진다. 왜냐하면 특정한 인물이나 사물은 위험한 힘을 본래부터 가지고 있어서 그러한 대상에 접촉하면 거의 전염처럼 전이되기 때문이다. 이 위험한 특성의 양(量)도 역시 고려된다. 사람이나 사물 중에는 이 위험한 특성의 양을 다른 것보다 많이 가지고 있기도 한데, 위험은 바로 가지고 있는 특성의 양의 차이에 따라서 결정된다. 물론 여기에서 가장 특이한 것은 다음과 같은 사실이다. 즉 그와 같은 금지를 위반한 사람은 위험한 특성 전체를 받아들인 것과 마찬가지로 그 자신이 금지된 것의 성격을 얻는다는 것이다. 그런데 이와 같은 힘은 왕, 사제, 신생아와 같은 어느 정도 특별한 모든 사람들에게, 그리고 생리, 사춘기, 출산의 신체적 상태와 같은 예외적 상태에, 그리고 질병과 죽음, 그리고 전염이나 확대를 통해 질병 및 죽음과 연관되는 것과 같은 끔찍한 것에 부착한다.

그러나 '터부'는 사람뿐만 아니라 이 비밀스러운 특성을 나르는 자이면서 이 특성의 원천인 장소와 대상과 임시적인 상태 등 모든 것을 말한다. 터부는 이와 같은 특성에서 도출되는 금지이기도 하며, 결국 터부는 그 말의 의미에 따라서 '신성한', '일상적인 것을 넘어서 고귀한' 등과 동시에 '위험한', '불결한', '끔찍한' 등의 뜻을 포함하는 어떤 것을 일컫는다. 이 말에서, 그리고 이 말이 표시하는 체계에서 정신적 삶의 한 부분이 표현되는데, 우리들은 그것을 실제로 이해할 수 없는 것처럼 생각된다. 무엇보다도 우리들은 다음처럼 생각해야만 할 것이다. 즉 우리들은 매우 저급한 문화에 있어서 특징적인 귀신과 정령에 대한 믿음을 깊이 연구하지 않고서는 이러한 정신적 삶의 부분을 이해할 수 없다.

도대체 왜 우리들은 터부의 수수께끼에 관심을 기울여야만 하는가? 내 말은, 모든 심리학적 문제는 그 자체로 해결을 시도할 만한 가치가 있을 뿐만 아니라 다른 이유들에서도 해결을 시도할 만한 가치가 있다는 것이다. 터부의 수수께끼에 대한 관심은 우리에게 다음의 사실을 알아채게 할 수 있다. 즉 미개한 폴리네시아인들의 터부는 처음에 우리가 믿으려고 했던 것처럼 그렇게 우리들로부터 멀리 떨어져 있는 것이 아니며, 우리를 지배하는 관습적 금지와 도덕적 금지는 그 본질에서 그와 같은 원시적 터부와 밀접한 관계를 가질 수 있고, 터부의 해명은 우리들 자신의 '정언명법'의 어두운 근원을 조명할 수 있다.

그래서 우리들은 분트 같은 연구자가 우리들에게 터부에 대한 견해를 전달할 때, 특히 그가 "터부 개념의 마지막 뿌리까지 파헤치기를"[13] 약속하기 때문에 우리들은 특별히 기대에 찬 긴장 속에서 그의 말에 귀를 기울이게 된다.

터부 개념에 대해서 분트는 다음처럼 말한다. "터부는 의식적(儀式的) 표상과 관계되는 일정한 대상이나 이것과 연관되는 공포가 표현되는 모든 관습을 포함한다."[14]

다른 곳에서 분트는 다음처럼 말한다. "우리들은 터부라는 말을(터부라는 말 아래에서), 이 말의 일반적 의미에 대응하는 것처럼 어떤 대상을 접촉하거나, 고유하게 사용

13) 분트의 《민족심리학》 제2권, 《신화와 종교》, 300쪽.

14) 같은 책, 237쪽.

하기를 주장하거나 엄하게 금지된 어떤 말을 입에 올리거나 하는 것에 대한, 관습이나 도덕이나 명백한 성문법에 의한 모든 금지로 이해한다…" 그렇다면 터부에 의한 손상을 피할 수 있었던 민족과 문화 단계는 존재할 수 없었을 것이다.

다음으로 분트는 한층 더 높은 폴리네시아 민족의 터부를 연구하는 대신에 왜 그에게 오스트레일리아 미개인의 원시적 관계에 있는 터부의 본성을 연구하는 것이 보다 더 목적에 어울리는 것으로 여겨지는지를 설명한다. 그는 오스트레일리아인들에게 있어서의 터부 금지가 각각 동물이나 인간이나 다른 대상들에 해당하는 것에 따라서 터부 금지를 세 가지로 나눈다. 본질적으로 죽이고 먹어버리는 것을 금지하는 것에서 성립하는 동물에 대한 터부는 토테미즘의 핵심을 구성한다.[15] 인간을 그 대상으로 가지는 두 번째 종류의 터부는 본질적으로 다른 성격을 가지고 있다. 이 터부는 처음부터 터부의 대상이 된 인간에게 비일상적인 삶의 상황을 가져다주는 조건에 의해 제한된다. 그래서 젊은 남자들은 성인식에서, 여성들은 생리 중에, 그리고 출산 직후에 터부가 되며, 신생아와 환자, 그리고

15) 이에 관해서는 이 책의 첫 번째 장과 마지막 장을 참조할 것.

무엇보다도 죽은 자들이 터부가 된다. 어떤 사람이 끊임없이 이용한 재산에는 다른 모든 사람들에게 터부가 되는 것이 있다. 그처럼 그 사람의 옷과 도구와 무기에도 터부가 있다. 오스트레일리아 원주민에게 가장 개인적인 재산에 속하는 것은 남자아이가 성인식에서 받는 새 이름이다. 이 이름은 터부이며 비밀에 부쳐지지 않으면 안 된다. 나무, 풀, 집, 장소 등에 붙어 있는 세 번째 종류의 터부는 잘 변화하며 단지 다음과 같은 규칙만을 따르는 것처럼 생각된다. 즉 어떤 원인에서 공포를 자아내거나 끔찍한 것은 터부에 종속되는 것이다.

분트 자신도 어쩔 수 없이 설명하고 있지만, 폴리네시아와 말레이 군도의 보다 더 풍부한 문화권에서 터부가 겪는 변화들은 그다지 오묘하지 않다. 이 민족들의 사제는 특별히 효과적인 터부 노릇을 행하며 그들 자신을 가장 강한 터부의 강박에 내맡기게 된다.

그러나 터부의 원래 원천은 특권을 가진 위치에 있는 사람들의 관심보다 더 깊은 곳에 뿌리박고 있다. "터부의 원천은 가장 원시적이며 동시에 가장 지속적인 인간의 충동이 자체의 근원을 취하는 곳에서, 곧 악마적 힘의 작용에 대한 두려움에서 생긴다."[16)]

이제 우리들은 터부와 강박 신경증의 대비가, 그리고 이 대비를 기초로 삼은 터부에 대한 견해가 어떤 가치를 주장할 수 있는지를 알아보고자 한다. 그와 같은 가치는 분명히, 우리들의 견해가 다른 경우에는 가질 수 없는 장점을 제공할 경우에만, 우리들의 견해가 달리는 우리들에게 가능하지 않을 터부에 대한 보다 더 훌륭한 이해를 우리들에게 허락할 경우에만 존재한다. 우리들은 아마도 다음처럼 주장하려는 경향을 가질 것이다. 즉 앞에서 우리들은 사용 가능한 그러한 증명을 이미 제시했다. 그러나 우리들은 터부 금지와 그 세부적인 사용에 대한 설명을 계속하면서 그와 같은 증명을 강화하려고 시도하지 않으면 안 될 것이다.

그러나 우리들에게는 또 다른 길도 열려 있다. 우리들은 다음과 같은 탐구를 시도할 수 있다. 즉 우리들이 도달한 결론 중 일부가 터부 현상에서 직접 증명 가능하지는 않은가? 우리들은 무엇을 연구하려고 하는지를 결정하지 않으면 안 된다. 터부의 기원이 일찍 외부로부터 부과된 태고의 금지에 있다고 하는 주장은 물론 증명되지 않는다. 따라서 우리들은 오히려 강박 신경증에 대해서 알아

16) 분트의 《민족심리학》 제2권, 《신화와 종교》, 307쪽.

낸 심리적 조건들이 터부에 적용되는지 확인해 보려고 할 것이다. 신경증(Neurose)에 있어서 우리들은 어떻게 이 심리적 요소들을 알게 되었는가? 징후들, 무엇보다도 강박 행동, 방어기제, 그리고 강제 명령 등의 분석적 연구를 통해서 알게 되었다. 이 징후들의 소원과 반대 소원에 동시에 일치하거나 두 가지 서로 반대되는 경향 가운데 하나에 주로 작용하든지 간에, 우리들은 이 징후들에서 이 징후들 자체가 양립하는 자극들이나 경향들로부터 시작되었다는 것에 대한 최선의 표시들을 발견했다. 만일 우리들이 이제 터부 명령에서 양립, 곧 두드러진 상호 대립의 경향을 제시하는 데 성공한다면, 또는 일종의 강박 행동에 따라서 두 가지 흐름에 동시에 해당되는 표현을 발견해 낼 수 있다면, 터부와 강박 신경증 사이의 심리학적 일치는 거의 가장 중요한 부분에서 확실해질 것이다.

우리들이 앞에서 언급한 것과 마찬가지로 두 가지 근본적인 토템 금지들은 토테미즘에 속해 있으므로 우리들의 분석 대상이 될 수 없다. 그리고 또 다른 터부 금지들은 속성상 2차적이어서 우리들의 의도에는 사용할 수 없다. 말하자면 터부는 해당되는 민족들에게 있어서 일반적인 형식의 입법이 되었으며, 확실히 터부 자체보다 늦게 성립된 사회적 경향에 봉사하게 되었다. 예컨대 추장과 사제들이 자기들의 재산과 특권을 안전하게 지키기 위해서 제정한 터부들이 여기에 속한다. 그렇지만 우리들이 연구할 수 있는 상당히 큰 집단의 명령들이 여전히 남아 있다. 나는 이들 중에서 다음과 같은 터부들을 이끌어내는데, 그것들은 (a) 적들에게, (b) 추장에게, (c) 사자(死者)에게 연관되어 있으며, 나는 이것들을 다루는 자료를 프레이저(J. G. Frazer)의 명저인 《황금 가지(The golden bough)》에 있는 탁월한 수집 자료에서 끌어올 것이다.[17]

a) 적을 다루기

미개인이나 반미개인들은 자기들의 적을 무자비하고 매우 잔인하게 다루었으리라고 짐작하는 경향이 우리들에게 있다면, 우리들은 매우 커다란 관심을 가지고 다음의 사실을 경험할 것이다. 즉 미개인이나 반미개인들에게도 인간을 죽이는 일에는 터부의 관습을 포함하는 일련의 명령들이 강제하는 것이 있었다. 이 명령들은 쉽사리 네 집단으로 구분된다. (1) 참살당한 적에 대한 진혼(鎭魂), (2) 참살자의 제한, (3) 참살자의 속죄와 정화, (4) 특정한 의

17) 프레이저, 《황금 가지》, 제2부, 〈터부와 영혼의 위험(Taboo and the Perils of Soul)〉(1911) 참조.

식(儀式)의 착수. 이 민족들에게 있어서 그와 같은 터부의 관습이 얼마나 일반적인지 또는 얼마나 개별적인지는 우리들의 정보가 불충분해서 확실하게 결론 내릴 수 없으며, 다른 한편으로 그와 같은 사건에 관한 우리들의 관심과 아무런 상관이 없다. 우리들은 끊임없이 다음처럼 가정할 수 있다. 즉 널리 퍼진 관계가 문제이고 고립된 특수성은 문제가 되지 못한다.

승리한 원정대가 패배한 적의 잘린 머리를 들고 돌아온 후 티모르 섬에서 열리는 진혼제(鎭魂祭)는 다음과 같은 이유 때문에 특히 중요하다. 즉 원정대원들 이외에도 원정 지휘자는 엄격한 제한을 받는다. "승리자들의 개선에 있어서 적들의 재앙이 미친다고 생각한다. 춤이 공연되고 춤과 함께 노래가 불리는데 그 가운데서 사람들은 참살당한 적을 애통해하면서 적의 용서를 빈다. '우리들이 네 머리를 여기에 가지고 있다고 해서 우리들에게 원한을 품지 말라. 만일 우리들에게 행운이 따르지 않았더라면, 아마도 지금쯤 우리들의 머리가 너의 마을에 걸려 있을 것이다. 우리들은 너를 달래기 위해서 제물을 차렸다. 이제 네 정신이 안식을 찾고 우리들을 평안하게 해다오. 왜 너는 우리들의 원수였는가? 우리들이 친구로 남아 있었다면 더 좋지 않았을까? 그랬다면 너는 피를 흘리지 않았을 것이고 네 머리도 잘리지 않았을 것이다.'"[18]

술라웨시 섬의 팔루(Palu)족에게도 이와 비슷한 진혼제가 있다. 동아프리카의 갈라(Galla)족도 자기들의 고향 마을로 돌아가기에 앞서서 자기들이 참살한 적의 정령에게 제물을 바친다.[19]

다른 민족들은 이전의 적들을 죽인 후 그 적들을 친구, 수호자, 그리고 후원자로 만드는 수단을 발견했다. 마치 보르네오의 많은 미개인들이 자랑하는 것처럼 그러한 수단은 적의 잘린 머리를 얌전하게 모시는 것에서 성립한다. 사라와크의 해양 다야크(Dayak)족은 원정을 마치고 적의 머리를 집으로 가지고 오면, 이 머리는 몇 달 동안이나 정성껏 보살핌을 받고 그들의 언어가 표현할 수 있는 가장 우아한 이름으로 불린다. 그들의 음식 중 가장 맛있는 부분이 그 머리의 입에 넣어지며 좋아하는 것과 담배도 입에 물린다. 그 머리는 지금 자기들 중 하나이기 때문에 이전의 친구들을 증오하고 머리의 새 주인들에게 사랑을 베풀어줄 것을 다야크족은 반복해서 기도한다. 우리들에

---

18) 프레이저의 《황금 가지》 참조.

19) 파울리치케(P. Paulitschke)의 《아프리카 북동부 민족지(Ethnographie Nordost-Afrikas)》에서 프레이저가 인용한 것임.

게 소름 끼칠 정도인 이러한 취급을 일종의 조롱으로 생각하는 것은 상당한 착각일 것이다.[20]

북아메리카의 많은 미개인들의 경우 그들이 죽이고 머리 가죽을 벗긴 적 앞에서 애통해하는 것이 관찰되었다. 촉토(Choctaw) 인디언은 적을 죽이면, 적을 위해서 한 달 동안 애통해하는데, 이 기간 동안 그는 어려운 제한을 견뎌야만 한다. 다코타(Dakota) 인디언들도 마찬가지로 애통해했다. 목격자의 보고에 의하면 오사게족은 자기들 친구의 죽음을 애통해한 다음에 죽은 적이 마치 친구였던 것처럼 적을 위해서 애도한다.[21]

b) 지배자의 터부

주장, 왕, 사제에 대한 원시인들의 태도는 서로 모순되기보다는 오히려 보충하는 것으로 여겨지는 두 가지 기본 원리에 의해서 규제된다. 사람들은 그들을 경계하지 않으면 안 되며, 또한 사람들은 그들을 보호하지 않으면 안 된다.[22] 이들 양자는 무수한 터부 명령들에 의해서 생긴다.

---

20) 프레이저가 로(Hugh Low)의 《사라와크(Sarawak)》(London, 1848)에서 인용한 것임.

21) 《황금 가지》 참조.

22) 이 사례들에 대해서는 《황금 가지》 중 〈터부가 된 살인자〉, 132쪽

왜 사람들은 지배자를 경계하지 않으면 안 되는가를 우리들은 이미 알고 있다. 왜냐하면 지배자는 저 신비스럽고 위험한 마력을 지니고 있는 자이기 때문이다. 이 마력은 충전된 전기처럼 접촉에 의해서 전달되며, 비슷한 전하(電荷)를 통해서 보호받지 못한 자는 죽거나 재앙을 당한다. 따라서 사람들은 위험한 신성(神性)과의 간접적 또는 직접적 접촉은 피하며, 그와 같은 접촉을 피할 수 없으면, 두려워했던 결과를 다른 데로 돌리기 위해서 의식(儀式)을 발견했다. 예컨대 동아시아의 누바(Nuba)족은 다음처럼 믿는다. 그들이 사제-왕의 처소로 들어가면 그들은 분명히 죽는다. 그러나 그들이 그곳에 들어갈 경우 왼쪽 어깨를 노출하고 왕으로 하여금 그것을 만지게 하면 그들은 재앙을 피한다. 따라서 다음과 같은 주목할 만한 일이 일어난다. 즉 왕과의 접촉은 그러한 접촉에서 생기는 위험에 대한 치료제이며 보호제다. 그러나 여기에서 문제가 되는 것은 왕에 의한 의도적인 치유력과 이에 대립되는, 사람들이 왕을 접촉했을 때 생기는 위험이다. 곧 왕에 대한 수동적 관계와 능동적 관계의 대립이 문제다.

참조. "그는 감시받아야 할 뿐만 아니라 침해당하지 않도록 감시받지 않으면 안 된다."

c) 죽은 자의 터부

우리들은 죽은 자들이 강력한 지배자들이라는 사실을 알고 있다. 아마도 우리들은 지배자들이 적으로 간주된다는 것을 알고는 놀라게 될 것이다.

죽은 자의 터부는, 만일 우리들이 이것을 전염병과 비교할 수 있다면, 대부분의 원시 종족들에게 특히 창궐하고 있었다는 것이 증명된다. 죽은 자의 터부는 우선 죽은 자와 접촉한 결과에서, 그리고 상주(喪主)를 대하는 태도에서 표현된다. 마오리족의 경우, 시체를 만지거나 장례에 참석했던 사람은 누구든지 가장 부정을 탄 사람들이며 그들은 동료들과의 왕래에서 거의 단절되다시피 하며, 말하자면 거부당한다. 그런 사람은 어떤 집에도 들어갈 수 없으며, 사람이나 물건을 똑같이 부정 타게 하지 않고서는 어떤 사람도 물건을 만질 수 없다. 실로 그는 자신의 손으로 음식을 건드려서는 안 된다. 그의 손은 부정을 탔기 때문에 바로 사용할 수 없게 되었다. 사람들은 그를 위해서 음식을 땅바닥에 놓고, 그러면 그는 수단껏 입술과 이를 사용해서 먹을 수밖에 다른 도리가 없다. 그동안 그는 뒷짐을 지고 있다. 때에 따라서는 다른 사람이 그를 먹여주는 것이 허락되었다. 이 경우 다른 사람들은 자신의 쭉 뻗은 팔이 부정 탄 사람에게 닿지 않도록 조심해야 한다. 그러면 이 도와주는 사람들 자신도 제한을 받게 되는데, 이러한 제한은 부정 탄 사람들의 제한보다 훨씬 덜 억압적인 것이 아니다. 물론 어느 마을에나 아주 타락하고 사회에서 버림받은 개인이 존재했는데, 이러한 개인은 겨우 동냥으로 가장 가난하게 살아갔다. 이와 같은 사람에게 팔 하나의 거리만큼이라도 접근할 수 있었던 사람은 죽은 자에 대해서 마지막 의무를 다한 상제였다. 그런 다음에 격리 기간이 지나가고 시체를 통해서 부정하게 된 상제가 다시 동료들과 섞이자면, 위험한 기간 동안 그가 사용했던 그릇은 모두 깨뜨리고, 그가 입었던 옷들은 모두 버려야 했다.

죽은 자의 육신 접촉에 따르는 터부 관습은 폴리네시아와 멜라네시아 전 지역과 아프리카 일부 지역에서 동일하다. 이 터부 관습의 가장 불변하는 부분은 죽은 자와 접촉했던 사람은 스스로 음식을 손으로 만질 수 없기 때문에 필연적으로 다른 사람이 음식을 먹여주어야 한다는 것이다. 다음의 사실은 주목할 만하다. 즉 폴리네시아에서, 아니면 아마도 오로지 하와이에서겠지만, 사제-왕은 신성한 행사를 실행하는 동안 똑같은 제한을 지켜야 한다.[23)]

---

23) 《황금 가지》, 138쪽 참조.

통가(Tonga)에서 죽은 사람의 터부의 경우, 금지의 감소와 점진적인 소멸은 고유한 터부 힘에 의해서 명백하게 나타난다. 죽은 추장의 시체를 건드린 사람은 10개월간 부정을 탄다. 그러나 시체를 건드린 사람 자신이 추장이라면, 죽은 자의 신분에 따라서 부정은 단지 3개월이나 4개월, 또는 5개월만 계속된다. 그러나 신격화된 대추장의 시체가 문제일 경우 위대한 추장들도 10개월 동안 터부가 되었다. 미개인들은 그와 같은 터부 명령을 어긴 자는 분명히 병들어서 죽는다고 확고하게 믿으며, 한 보고자의 말에 의하면, 너무 굳게 믿기 때문에 미개인들은 사실이 그렇지 않다고 증명할 엄두를 결코 내지 못한다.[24]

그러나 우리의 목적에 대해서 한층 더 흥미로운 것은, 전이된 의미에서 죽은 사람을 접촉한 사람들, 곧 홀아비와 과부같이 죽은 사람을 애도하는 유가족에게도 본질적으로 똑같은 종류의 터부 제한이 부과된다는 점이다. 지금까지 언급한 터부 명령들에서 우리들은 오직 터부의 전염과 전파 가능성에 대한 전형적인 표현만을 알고 있다. 그래서 이제 보고하는 것에서는 터부의 동기가 분명히 드러

---

24) 매리너(W. Mariner)의 《통가 섬의 원주민(The Natives of the Tonga Islands)》(1818)에서 프레이저가 인용한 것 참조.

나는데, 표면적인 동기와 아울러 우리들의 심층에 있는 참다운 동기로 여길 수 있는 동기가 드러난다.

브리티시-컬럼비아의 슈스와프(Shuswap)족의 경우, 과부와 홀아비는 그들의 애도 기간 중 격리되어 살지 않으면 안 된다. 그들은 자기들의 몸도, 그렇다고 머리도 손으로 만져서는 안 된다. 그들이 사용하는 모든 그릇은 다른 사람들이 사용해서는 안 된다. 어떤 사냥꾼도 이 애도하는 사람들이 거주하는 움막에 근접하려고 하지 않을 것이다. 왜냐하면 근접하는 것은 그에게 불행을 안겨다 줄 것이기 때문이다. 만일 애도하는 자의 그림자가 사냥꾼에게 드리워지면, 그는 병에 걸릴 수밖에 없다. 애도하는 사람들은 가시덤불에서 잠자며 자기들의 침대를 가시덤불로 감싼다. 이 마지막 방책은 죽은 사람의 정신을 막기 위해서 결정된 것이다. 그리고 또 다른 북아메리카 원주민에 관해서 보고된 과부의 관계는 한층 더 명백하다. 즉 과부는 남편이 죽은 후 한참 동안 죽은 남편의 정신이 접근하지 못하도록 마른 풀로 만든 바지를 입는다. 따라서 우리들은 대체로 다음처럼 생각할 수 있다. 즉 '전이된 의미에 있어서의' 접촉도 단지 신체적 접촉으로만 이해되었다. 왜냐하면 죽은 자들의 정신은 장례 기간 동안 유가족 주위를 '떠돌기' 위해서 유가족으로부터 물러나지 않고, 유가족을 내버려 두지 않기 때문이다.

필리핀 제도의 하나인 팔라완 섬에 거주하는 아그타이노(Agtaino)족의 과부는 지아비가 죽고 나서 처음 7일 내지 8일 동안은 자신의 움막을 떠나서는 안 되는데, 그녀는 아무도 만날 수 없는 밤 시간에도 움막을 떠나서는 안 된다. 이 과부를 보는 사람은 순간적으로 죽을 위험에 빠진다. 그렇기 때문에 그녀는 걸을 때마다 나무 막대기로 나무들을 두들기면서 자기가 가까이 가고 있다는 것을 스스로 경고하는 것이다. 그러나 그녀가 두들긴 나무들도 시들어서 죽고 만다. 이러한 과부의 위험이 어디에 있는지는 또 다른 관찰을 통해서 우리들에게 해명된다. 파푸아뉴기니의 메케오(Mekeo) 지역에서 홀아비는 모든 공민권을 빼앗기고 한동안 추방자로 살아간다. 그는 정원을 가꾸어서도 안 되고, 공공연하게 모습을 드러내서도 안 되고 마을과 길에 들어서도 안 된다. 그는 마치 들짐승처럼 높은 풀숲이나 덤불 속을 이리저리 기어 다니고, 어떤 사람이, 그것도 특히 여자가 접근하는 것을 볼 경우 그는 덤불 속에 몸을 숨기지 않으면 안 된다. 이 마지막 암시는 우리들로 하여금 홀아비나 과부의 위험이 유혹의 위험으로 되돌아갈 수 있다는 것을 쉽사리 알 수 있게 한다. 아내를 잃은 남자는 대리물을 찾으려는 욕망을 소멸시켜야만 하고, 과부도 똑같은 소원과 싸워야 하며, 게다가 과부는 주인이 없으므로 다른 남자들의 욕망을 일깨울 수 있다. 그러한 모든 대리 만족은 상복 기간(喪服期間)에 위배되며 죽은 사람의 정신의 분노를 자아낸다.[25]

미개민족에게 가장 이상하면서도 가장 교훈적인 장례의 터부 관습 중 하나는 죽은 사람의 이름을 발설해서는 안 된다는 금지다. 이 관습은 매우 널리 퍼져 있으며, 다양하게 수행되었고 중요한 결과들을 초래했다.

이와 같은 금지는 터부 관습을 가장 잘 보존하고 있는 것으로 보이는 오스트레일리아 원주민과 폴리네시아인들에게만 있는 것이 아니다. 이와 같은 금지는 서로 매우 멀리 떨어져 있으며 다음과 같은 매우 낯선 민족들에게서도 발견된다. 시베리아의 사모예드족과 남인도의 토다족, 타타르 일대의 몽골족과 사하라 사막의 투아레그족, 일본의 아이누족과 중앙아프리카의 아캄바족과 난디족, 필리핀의 팅구이아네스족, 니코바르 제도의 원주민들, 보르네오, 마다가스카르, 태즈메이니아의 원주민들.[26] 이 민족

25) 앞에서 나는 여성 환자의 '불가능함'을 터부와 연관시켰는데, 이 여성 환자는 거리에서 상복 입은 사람을 만날 때마다 분노에 휩싸였기 때문에 그런 사람은 외출을 금지해야 한다고 나에게 말했다.

26) 《황금 가지》 참조.

들 중 몇몇 민족에서 이와 같은 금지와 그것에서 생기는 결과는 단지 애도 기간 동안만 계속되고 또 다른 민족에게 있어서는 이러한 금지가 영속적이지만, 모든 경우에 있어서 이 금지는 죽음의 시점이 지나감에 따라서 약화되는 것처럼 보인다.

우리는 매우 교훈적인 죽은 자의 터부가 자라온 토대를 밝혔다. 그래서 우리들은 터부 일반의 이해를 위해서 의미심장할 수 있는 몇 가지 주의를 첨가하기를 빠뜨리지 않을 것이다.

죽은 자의 터부에 있어서 악령에 대한 무의식적 적개심의 투사(Projektion)는 분명히 미개인들의 정신 형성에 가장 커다란 영향을 미친 일련의 과정들 중 하나에 지나지 않는다. 우리들이 고찰한 경우에서 투사는 감정의 갈등의 해결에 기여한다. 투사는 신경증에 이르는 무수한 심리적 상황에서 똑같이 적용된다. 그러나 투사는 방어(Abwehr)를 위해서 만들어지지 않은 것이고, 갈등이 없는 곳에서도 성립한다. 내적 지각의 밖으로 향한 투사는, 예컨대 우리들의 감각 지각이 구성되는 원초적 메커니즘이다. 이 원초적 기제는 우리들의 외부 세계의 형성에서 보통 가장 커다란 몫을 차지한다. 아직 조건이 확인되지는 않았지만 어떤 조건 아래에서는 감정 과정과 사고 과정에 관한 내적 지각은 감각 지각과 마찬가지로 외부로 투사된다. 내적 지각은 내적 세계에 당연히 머물러 있으면서도 외적 세계의 형성에 사용된다. 이와 같은 상황은 아마도 다음의 사실과 발생론적으로 관련이 있을 것이다. 즉 주의력의 기능은 근원적으로 내적 세계가 아니라 외부 세계로부터 흘러들어 오는 자극을 향한 것이었으며, 내면의 심리적 과정으로부터는 단지 쾌감 발달과 불쾌감 발달에 관한 정보만을 받아들인다. 이 내적 심리 과정 자체는 추상적 사유 언어의 형성과 함께 감각적 단어 표상의 잔재가 내적 과정과 결합함으로써 점진적으로 지각의 대상이 될 수 있었다. 그때까지 원시인들은 외부로 향한 내적 지각의 투사에 의해서 외부 세계의 이미지(Bild)를 발전시켰다. 이제 우리들은 보다 강화된 의식적 지각을 가지고 이 외부 세계의 이미지를 심리학으로 끌어들여서 해석하지 않으면 안 된다.

자신의 악한 충동 자극을 악령에 투사하는 것은, 원시인들의 '세계관'이 되었으며, 다음 논문에서 우리들이 '물활론적인 것(das animistische)'으로 알게 될 어떤 체계의 일부에 지나지 않는다. 다음으로 우리들은 그와 같은 체계 형성의 심리학적 특징을 확정할 것이며, 신경증이 우리들에게 가져다주는 그러한 체계 형성의 분석에서 다시금 우리들이 근거로 삼고 있는 지점을 발견하게 될 것이다. 우리들은 잠정적으로 다음의 사실을 단지 나타내기만 할 것이다. 즉 소위 꿈 내용(Trauminhalt)의 '2차적 가공'은 이러한 모든 체계 형성에 대한 원형인 것이다. 우리는 또한 다음의 사실을 잊지 않고 있다. 즉 체계 형성의 단계로부터는 의식에 의해서 판단된 두 종류의 행위, 곧 조직적인 행위와 현실적이지만 무의식적인 행위가 존재한다.[27]

분트는 다음의 사실을 주목한다.[28] "세계 도처의 신화에 등장하는 악령의 작용 중에서 우선 두드러지는 것은 유해한 작용이므로 원시민족들이 믿기에 분명히 악한 악령들은 선한 악령들보다 오래된 것들이다." 그런데 다음의 사실은 원래부터 매우 가능성이 높다. 즉 악령의 개념은 대체로 죽은 사람에 대한 중요한 관계에서 얻어진 것이다. 이와 같은 관계에 내재하는 가치의 양립은 인류 발달의 과정을 통하여 다음과 같은 사실 안에서 표현되었다. 즉 이 가치 양립은 동일한 뿌리로부터 완전히 대립된 두

---

27) 원시인의 투사에 의한 창조는 시인의 인격화 작업과 유사하다. 시인은 인격화 작업을 통해서 자기 안에서 대립하고 있는 충동 자극을 각각의 개인으로 드러낸다.

28) 분트의 《신화와 종교》, 129쪽.

가지 심리적 구조를 만들어냈는데, 그것들은 한편으로 악령과 귀신에 대한 공포이고 다른 한편으로는 조상 숭배다.[29] 악령은 항상 최근에 죽은 사람의 정신으로 파악된다는 사실은 죽음에 대한 애도는 수행해야 할 전적으로 특정한 심리적 과제를 가지고 있으며, 죽음에 대한 애도는 살아 있는 사람의 기억과 기대를 죽은 사람으로부터 분리해야만 할 것이다. 이와 같은 작업이 이행되면, 고통이 줄어들며 고통과 함께 후회와 자책도 줄어들고, 따라서 악령에 대한 불안도 감소된다. 그러나 처음에는 악령으로서 두려움의 대상이 되었던 그러한 영혼도 이제는 친구처럼 대접받으며 조상으로서 숭배되고 도움을 주기 위해 불려오게 된다.

만일 우리들이 시간의 변화와 함께 고인에 대한 유족의 관계를 살핀다면, 그 관계에서 감정의 양립이 특히 감소되었다는 것을 잘 알 수 있다. 특별한 영혼의 에너지를

29) 귀신에 대한 불안으로 괴로워하거나 어린 시절에 귀신에 대한 불안으로 고통을 겪은 신경증 환자의 정신분석에서, 흔히 귀신이 부모라는 사실을 밝히는 것은 어렵지 않다. 이에 관해서는 헤베를린(P. Haeberlin)의 〈성적 유령(Sexualgespenster)〉[〈성 문제(Sexual-problem)〉 2월호(1912)]을 참조할 것. 이 논문에서 다루어지고 있는 인물에게 성적 유령은 세상을 떠난 아버지가 아니라 성적으로 강조된 다른 사람이었다.

소비하지 않고서도 고인에 대한 무의식적이며 언제나 증명 가능한 적개심을 이제는 쉽게 억누를 수 있다. 이전에 자기만족적인 증오와 고통스러운 애정이 서로 다투었던 곳에 오늘날 경건함이 상처처럼 자리 잡으며, “고인에 대해서는 좋은 말이 아니면 아무 말도 하지 말라(De mortuis nil nisi bene)”고 요구한다. 오직 신경증 환자들만 자기들이 아끼던 사람들을 잃고 강박적 자책에 의해서 여전히 고인에 대한 애도로 괴로워한다. 강박 자책은 정신분석학에서 오래된 감정 양립을 신경증 환자가 가진 비밀을 통해 밝혀준다. 이와 같은 애도의 변화가 어떤 길을 통해서 도입되는지, 얼마만큼의 애도의 구성적 변화와 가족 관계의 참다운 개선이 그와 같은 애도의 변화를 생기게 하는지 등은 여기에서 논의될 필요가 없다. 그러나 우리들은 그와 같은 예를 통해서 다음처럼 가정해 볼 수 있다. 즉 미개인의 영혼 자극 일반은 오늘을 살아가는 문화인에게서 발견되는 것보다 더 높은 정도의 감정 양립을 보여준다. 이와 같은 감정 양립의 감소와 더불어 감정 양립 갈등의 타협 징후(Kompromißsymptom)인 터부도 점차 사라졌다. 이러한 투쟁을, 그리고 이 투쟁에서 생기는 터부를 재생할 필요가 있는 신경증 환자들에 관해서 우리는 다음처럼 말할 것이다. 즉 신경증 환자들은 고대의 체질을 격세유전적 유산으로 간직하고 있으며, 문화의 요청에 의해서 신경증 환자는 고대의 체질을 보완해야 하며, 이와 같은 일은 신경증 환자에게 엄청난 정신적 에너지를 소비하도록 강제한다.

분트는 우리들에게 터부라는 말의 이중적 의미, 곧 신선하며 부정하다(unrein)는 의미에 관한 정보를 주었는데, 여기에서 우리들은 그러한 정보가 터부라는 말의 의미의 불분명함 때문에, 혼란스럽다는 것을 기억하고 있다. 원래 터부라는 말은 '신성한(heilig)'과 '부정한(unrein)'을 아직 의미하지 않고, 악령적인 것(da Dämonische), 곧 손대서는 안 되는 것을 표시하며, 따라서 '신성한'과 '부정한'이라는 두 극단적인 개념들에 공통적인 특징을 지적했다. 그렇지만 이렇게 남아 있는 공통성은 다음의 사실을 증명한다. 즉 신성한 것과 부정한 것, 이 양자의 영역 사이에는 근원적인 일치가 존재하며 이러한 일치는 나중에 이르러서야 분화하게 되었다.

이에 반해서 우리들은 우리의 논의에서 다음의 사실을 쉽사리 도출해 낸다. 즉 터부라는 말에는 태초부터 우리가 앞에서 논의한 이중적 의미가 속한다. 또한 터부라는 말은 특정한 감정 양립을 표시하기 위해서 사용되며, 이와 같은 감정 양립을 토대로 생긴 모든 것을 표시하기 위해서 사용된다. 터부 자체는 감정 양립적인 단어이며, 보충해서 우리들은 다음과 같은 것을 생각한다. 즉 우리들은 이 말의 확립된 의미로부터만 다음처럼 광범위한 탐구의 결과로서 정립된 것을 알아낼 수 있었을 것이다. 곧 터부 금지(Tabuverbot)는 감정 양립의 결과로 이해되어야 하는 것이다. 고대어에 대한 연구는 우리들에게 다음과 같은 것을 가르쳐주었다. 즉 과거에는 대립을 자신 안에 포함하는, 어떤 의미에서는—비록 전적으로 똑같은 의미에서가 아닐지라도—터부라는 말처럼 감정 양립적인 그러한 말들이 존재했다.[30] 의미가 상반되는 원시어의 약간의 음운(音韻)상의 변형은 나중에 여기에서 통일된 두 대립들을 위하여 하나의 독립된 언어 표현을 만들어내는 데 기여했다.

터부라는 말은 또 다른 운명을 가졌다. 터부라는 말이 지시하는 감정 양립의 중요성이 약화되면서 이 말 자체 또는 이 말과 유사한 말들이 어휘에서 사라져버렸다. 나는 다음의 사실을 뒤에 나타나는 관계에서 확인할 수 있기를 바란다. 즉 이 터부 개념의 운명의 배후에는 하나의 명백

30) 아벨(Abel)의 《원시 언어의 반대 의미(Gegensinn der Urworte)》에 대한 나의 평을 참조할 것. 《Jahrbuch für psychoanalyt. und psychopathol. Forschungen》 Bd. II(1910)

한 역사적 변화가 숨겨져 있다. 이 터부라는 말은 처음에는 큰 감정 양립을 고유하게 가지는 매우 특정한 인간관계에 결부되어 있으며, 여기에서부터 또 다른 유사한 관계로 확장되었다.

만일 우리들이 잘못 보지 않는다면, 터부에 대한 이해는 양심(das Gewissen)의 본성과 발생을 밝혀주기도 할 것이다. 우리들은 개념을 확장시키지 않고서도 터부 양심(Tabugewissen), 그리고 터부를 위반한 이후의 터부 죄의식에 관해서 말할 수 있다. 터부 양심은 아마도 그 안에서 우리들에게 양심의 현상이 나타나는 가장 오래된 형태일 것이다.

도대체 '양심'은 무엇인가? 언어가 증명하는 것에 의하면, 양심이란 우리들이 가장 확실하게 아는 것에 속한다. 많은 언어들에 있어서 양심의 표시는 의식(Bewußtsein)의 표시와 거의 분리되지 않는다.

양심은 우리의 내면에 성립하여 있는 특정한 소원 자극을 거부하는 내적 지각이다. 그러나 중요한 점은 다음의 사실을 근거로 삼고 있다. 즉 이 거부는 다른 것을 근거로 삼을 필요가 없으며, 자기 자신을 확신하고 있다. 이와 같은 사실은 죄의식에서 한층 더 분명해진다. 죄의식이란 우리들이 특정한 소원을 성취하기 위하여 수행한 행위에 대한 내적 유죄 판단의 지각이다. 여기에서 이와 같은 지각에 대한 근거 정립은 필요 없는 것처럼 여겨진다. 양심을 가진 사람이라면 누구나 이 유죄 판단을 정당한 것으로 느끼고 수행한 행위를 비난하지 않으면 안 된다. 그러나 터부에 대한 미개인들의 태도는 이와 똑같은 특징을 보여준다. 터부는 양심의 명령이다. 터부의 손상은 끔찍한 죄의식을 생기게 한다. 죄의식은 그 기원이 알려지지 않았지만 매우 자명한 것이기도 하다.[31]

따라서 양심 또한 아마도 감정 양립이 결부되어 있는 매우 특정한 인간관계에서 생기는 감정 양립의 토대 위에서 유지될 것이다. 그리고 양심은 터부와 강박 신경증에 대해 타당한 것이 되었던 다음과 같은 조건들 아래에서 유지될 것이다. 즉 대립의 한 부분은 무의식적이며, 이것은 강압적으로 지배하는 다른 부분에 의해서 억압당하여 유지된다.

---

31) 다음의 사실들은 서로 유사한 흥미로운 사례들이다. 즉 터부 금기를 모르고 범했다고 해서 터부의 죄의식이 경감되지는 않으며(앞에서의 사례들을 볼 것), 그리스 신화에서도 오이디푸스가 자기도 모르게 자신의 의지와는 상관없이 죄를 저지르지만 그렇다고 해서 그의 죄가 없어지는 것은 아니다.

3. 물활론과 주술과 사고의 만능

정신분석학의 관점을 정신과학의 문제들에 적용하려고 하는 작업의 필연적인 결점은, 그러한 작업이 양쪽의 독자에게 제공할 자료가 너무 적은 것이 분명하다는 사실이다. 그러므로 이러한 작업의 성격은 자극하는 것에 머물고, 또한 이와 같은 작업은 전문가가 그 연구에서 숙고해야만 할 제안들을 제시한다. 우리들이 물활론(物活論, Animismus)이라고 부르는 광대한 영역을 다루고자 하는 논문에서 이와 같은 결점은 특히 눈에 띄게 될 것이다.[32]

물활론은 좁은 의미에서 영혼 표상(Seelenvorstellungen)에 관한 이론이고, 넓은 의미에서 정신적 존재 일반에 관한 이론이다. 또한 우리들은 우리들에게 죽은 것으로 나타나는 것을, 살아 있는 것으로 보는 이론인 유생관(Animatismus)을 구분하며,[33] 여기에 동물숭배

32) 자료를 간략하게 할 필요가 있어서 상세한 문헌 제시는 생략할 수밖에 없다. 그 대신 스펜서(Herbert Spencer), 프레이저, 랭, 타일러(E. B. Tylor), 분트 등의 유명한 저술들을 참고했으며, 물활론과 주술에 관한 모든 주장들은 그 저술들에서 인용했다. 저자의 독자성은 그러한 자료들과 견해들을 선별한 것에 불과하다.

(Animalismus)와 정령숭배(Manismus)를 귀속시킨다. 물활론이라는 명칭은 과거에는 특정한 철학 체계에 사용되었지만, 그것이 현재와 같은 의미를 가지게 된 것은 타일러에 의한 것으로 여겨진다.[34]

이와 같은 명칭의 확립에 동기를 부여한 것은 우리들에게 알려진, 역사적인, 그리고 지금도 여전히 존재하는 원시민족들의 가장 두드러진 자연관과 세계관에 대한 통찰이다. 이 민족들은 그들에게 호의적이거나 악의적인 무수한 정령들을 가진 세계를 살아간다. 그들은 자연 과정의 원인을 이들 정령과 악령에게 돌리고 자연계의 동식물뿐만 아니라 무생물까지도 이들에 의해서 생명이 부여된다고 여겼다. 이 원시적인 '자연철학(Naturphilosophie)'의 아마도 가장 중요할지도 모를 세 번째 부분은 우리들에게 그렇게 낯설지 않은데, 왜냐하면 우리들이 비록 매우 제한된 정신 존재(die Existenz der Geister)만 가지고 오늘날 자연 과정을 비인격적인 물리적 힘의 작용에 의해서 설명한다고 할지라도, 우리들 자신은 자연철학의 그와 같

33) (옮긴이 주) 유생관(有生觀)은 물활론(Animismus) 이전의 세계관으로서 모든 자연물에는 생명과 의식이 있다는 주장이다.

34) 타일러, 《원시 문화(Primitive Culture)》 Bd. I(1903), 425쪽. 분트의 《신화와 종교》, 173쪽.

은 부분에서 그다지 멀리 떨어져 있지 않기 때문이다. 말하자면 미개인들은 개개의 인간 존재에도 유사한 '영혼이 자리 잡고 있음'을 믿는다. 인간 개개인은 영혼을 소유하는데, 영혼들은 자기들의 거처를 떠나서 다른 인간에게 옮겨 갈 수 있다. 이 영혼들은 정신활동의 담당자이며 어느 정도까지는 '육체들'로부터 독립하여 있다. 원래 영혼들은 개인과 매우 비슷한 것으로 생각되었으며 긴 발전 과정을 통하여 물질적인 성격이 벗겨지고 고도의 '정신화(Vergeistigung)'에 도달하게 되었다.[35]

다수의 연구자들은 다음과 같이 가정하는 경향이 있다. 즉 이와 같은 영혼에 관한 생각은 물활론적 체계의 근원적 핵심인 것이다. 또한 정령들은 오직 독립된 영혼들에게만 상응하며, 동물과 식물과 사물의 영혼들로 인간의 영혼을 유추하여 만들어진 것이다.

미개인들은 어떻게 이 물활론적 체계(animistisches System)의 기초가 되는 고유한 이원론적 기본 관점에 도달하게 되었는가? 우리들이 생각하건대, 그것은 수면(꿈과 함께) 현상과 수면과 매우 비슷한 죽음에 대한 관찰을 통해서, 그리고 모든 개인들과 밀접한 관계를 가지고 있는

35) 분트의 《민족심리학》 제1권, 4장 〈영혼 표상〉 참조.

이와 같은 상태들을 해명하려는 노력을 통해서 도달된 것이다. 무엇보다도 죽음의 문제는 분명히 이와 같은 이론 형성의 출발점이 되었을 것이다. 미개인들에게 생명의 영속—불멸(Unsterblichkeit)—은 너무나 분명했을 것이다. 죽음에 대한 표상은 얼마간 뒤늦게 마지못해서 받아들여진 것이고, 그것은 실로 우리들에게도 여전히 내용이 없는 것이고 우리들 자신이 마음대로 다룰 수 있는 것도 아니다. 물활론적 근본 이론의 형성에 대한 다른 관찰과 경험이 맡았을지도 모를 역할, 곧 꿈의 영상, 그림자 반사 영상 등에 대한 관찰과 경험이 맡았을지도 모를 역할에 관한 매우 활발한 논의는 아무런 결론에도 도달하지 못했다.[36]

만일 미개인이 자신의 숙고(熟考)를 자극하는 현상에 영혼 관념을 형성하여 반응하고 다음에 이것은 외부 세계의 대상으로 옮겼다면, 이 경우 그의 행동은 전적으로 자연스러우며 더 이상 수수께끼가 아닌 것으로 판단된다. 분트는 앞에서 언급한 물활론적 표상이 가장 다양한 민족들에게서, 그리고 모든 시대에 일치해서 나타난다는 사실에 대하여 다음처럼 표현한다. 즉 이 물활론적 표상들은

---

36) 분트와 스펜서 이외에도 《브리태니커 백과사전》(1911)의 해당 항목('물활론', '신화' 등)을 참조할 것.

"신화를 형성하는 의식의 필연적인 심리학적 산물이고, 우리들이 원시적 물활론(der primitive Animismus)을 관찰할 수 있는 한에서 원시적 물활론은 인간의 자연 상태에 대한 정신적 표현으로 여겨질 수 있을 것이다."[37] 흄은 다음처럼 기술하면서 자신의 《종교의 자연사(Natural History of Religion)》에서 이미 무생물의 생명화를 정당화했다. "인류에게는 모든 존재자들을 자기들과 같은 것으로 생각하고, 자기들이 잘 알고 있으며 가까운 것으로 의식하는 모든 성질을 모든 대상으로 전이시키는 보편적인 경향이 있다."[38]

물활론은 하나의 사상 체계이고, 그것은 각각의 현상을 설명할 뿐만 아니라 하나의 관점으로부터 전체 세계를 하나의 유일한 관계로 파악할 수 있게 해준다. 만일 우리들이 연구자들의 견해를 따르고자 한다면, 인류는 세월의 흐름과 함께 세 가지 사고 체계, 곧 세 가지 커다란 세계관을 발전시켰다. 그것들은 물활론적(신화적) 세계관, 종교적 세계관 및 과학적 세계관이다. 이들 세계관 중에서 제일 먼저 만들어진 물활론의 세계관은 가장 논리적으로 세

37) 분트의 《민족심리학》 제1권, 154쪽.

38) 타일러의 《원시 문화》 Bd. I, 477쪽.

계의 본질을 남김없이 설명하는 세계관일 것이다. 인류의 이와 같은 최초의 세계관은 이제 하나의 심리학적 이론이다. 이 세계관이 미신의 형태로 가치를 상실했든지 우리들의 언어 · 신앙 · 철학의 기초로서 살아 있든지 간에, 이 세계관이 얼마만큼이나 현재의 삶에 영향을 미칠 수 있을지를 검토하는 것은 우리들의 의도를 넘어서는 일이다.

물활론 자체는 아직 아무런 종교도 아니지만, 나중에 그것을 기초로 종교가 구축될 수 있다고 말할 수 있는 것은, 이들 세 가지 세계관의 단계적 연속에서 파악될 수 있다. 다음의 사실도 명백하다. 즉 신화는 물활론적 전제들을 근거로 삼는다. 그러나 신화와 물활론의 관계의 세부적인 사항들은 본질적인 점들에 있어서 밝혀지지 않고 있는 것으로 보인다.

우리들의 정신분석학적 연구는 다른 위치에서 시작된다. 우리들은 인간들이 순수한 사변적(思辨的) 지식욕에서 최초의 세계 체계(Weltsystem)를 창조했으리라고 가정해서는 안 된다. 세계를 자기 것으로 만들려고 하는 실천적인 필요성이 그와 같은 노력에 참여한 것이 분명하다. 그러므로 우리들은 다음의 사실을 알고 놀라지 않는다. 즉 물활론적 체계와 어떤 다른 것이 제휴하는데, 인간 · 동물 · 사물, 그리고 이것들의 정령을 지배하기 위해서 우리들이 행동하지 않으면 안 될 것과 같은 처방이 바로 그 어떤 다른 것이다. '마법과 주술(Zauberei und Magie)'이라는 명칭으로 알려져 있는 이러한 처방을 레나슈(S. Reinach)는 물활론의 전략(die Strategie des Animismus)이라고 부르려고 한다.[39] 나는 위베르(H. Hubert) 및 모스(Mauss)의 말처럼 이것을 물활론의 기술이라고 부를 것이다.[40]

우리들은 마법과 주술을 서로 개념적으로 분리시킬 수 있는가? 만일 우리들이 어느 정도 독단적인 언어 사용의 동요를 무시한다면 그렇게 하는 것이 가능하다. 그렇다면 정령에게 영향을 미치기 위한 기술이다. 말하자면 정령들을 달래고, 길들이며, 비위를 맞추고, 위협하고, 그 힘을 빼앗고 우리가 살아 있는 인간에게 효과적인 것으로 발견한 것과 똑같은 수단을 통해서 우리의 의지에 정령들을 복종시키면서 정령들에 영향을 미치는 기술이 마법이다. 그러나 주술은 어떤 다른 것이다. 주술은 근본적으로 정령

---

39) 레나슈, 《제사, 신화, 그리고 종교(Cultes, Mythes et Religions)》 Bd. I, 477쪽.

40) 《사회학 연감(Année sociologique)》 Bd. VII(1904)

을 도외시하며, 평범한 심리학적 방법론을 이용하지 않고 특수한 수단을 이용한다. 우리들은 주술이 물활론적 기술의 보다 더 근원적이며 보다 더 중요한 부분이라는 사실을 쉽게 알게 된다. 왜냐하면 정령을 다루어야만 할 수단 중에서 주술적인 수단도 존재하고,[41] 우리들이 보기에 자연의 정령화(die Vergeistigung der Natur)가 이행되지 않은 경우에도 주술이 사용되기 때문이다.

나는 강박관념에 시달리다가 정신분석학적 치료를 받고 자신의 유능함과 분별력을 증명할 수 있게 된 어떤 고도의 지적인 사람으로부터 '사고의 만능(Allmacht der Gedanken)'이라는 표현을 빌려 왔다. 그는 자신과 함께 유사한 고통을 겪고 있는 다른 사람들을 괴롭히는 것으로 여겨지는 모든 기묘하고 끔찍한 사건의 근거를 설명하기 위해서 이 말을 부각시켰다.[42] 바로 그가 어떤 사람을 생

41) 우리들이 소음이나 외침으로 정령(Geist)을 쫓는다면, 이것은 순전히 마술적인 행위다. 만일 우리들이 정령의 이름을 장악하기 때문에 그 정령을 통제한다면, 우리들은 정령에 대한 주술(Magie)을 사용한 것이다.

42) 〈강박 신경증의 경우에 관한 언급들〉《Ges. Werke》 Bd. VII(1909), '쥐 인간' 참조.

각하면, 마치 그가 그 사람을 주문으로 불러내기라도 한 것처럼 그는 벌써 그 사람을 만나게 되었다. 그가 갑자기 오래 만나지 못했던 지인(知人)의 안부를 갑자기 묻기라도 하면, 그는 그 지인이 방금 죽었다는 소리를 들어야만 했다. 그래서 그는 그 지인이 자신에게 텔레파시를 통해 알려주었다고 믿을 수 있었다. 그가 낯선 사람에게 그다지 심각하지 않은 저주를 말할 경우, 그는 그 낯선 사람이 그 때문에 곧 죽을 것이고 자신은 그 사람의 죽음에 대한 죄책감으로 괴로워하리라는 사실을 예견할 수 있었다. 치료 도중에 그는 이 모든 경우들에 관해서, 어떻게 해서 그런 착각이 생기고, 자신의 미신적 기대를 강화하기 위해서 그 자신이 무엇을 준비했는지를 나에게 보고할 수 있었다.[43] 모든 강박 신경증 환자들은 대부분 그들의 빼어난 통찰력에도 불구하고 이와 같은 방식으로 미신적 경향이 있다.

사고의 만능이 존속하는 것은 우리가 보기에 강박 신경증의 경우 가장 명백하게 드러난다. 이와 같은 원시적 사고방식의 결과는 여기에서 의식에 가장 근접해 있다.

---

43) 우리들은 이미 판단에서 사고의 만능과 물활론적 사고방식 일반을 포기한 반면에, 그와 같은 현상들을 뒷받침하는 듯한 인상에 대해서 '무시무시한 것(das unheimliche)'의 성격을 부여하는 것처럼 보인다.

그러나 우리들은 이것을 강박 신경증의 두드러진 특징으로 오해해서는 안 된다. 왜냐하면 분석적 연구는 다른 신경증들에 있어서도 똑같은 것을 발견하기 때문이다. 모든 신경증들에 있어서 징후 형성의 기준이 되는 것은 체험의 현실이 아니라 사고의 현실(die Realtät des Denkens)이다. 신경증 환자들은 특별한 세계에서 살고 있으며, 내가 다른 곳에서 표현한 것과 마찬가지로, 그곳에서는 오직 '신경증 화폐'만 통용된다. 다시 말해서 신경증 환자들에게 있어서는 강하게 생각된 것, 정서를 가지고 표상된 것이 효과적이지만, 그것이 외부 현실과 일치하는지의 여부는 부차적인 일이다. 히스테리 환자는 오직 자신의 환상 속에서 일어난 체험을 자신의 발작에서 반복하여 자신의 증세를 통해서 고착시킨다. 물론 이러한 체험은 실제의 사건이나 실제의 사건을 근거로 삼은 체험으로 환원되기도 한다. 만일 우리들이 신경증 환자의 죄의식이 실제의 범행을 바탕으로 삼는다고 생각한다면 그것은 오해일 것이다. 강박 신경증 환자는, 자신의 어린 시절부터 동료들에게 가장 사려 깊고 가장 세심한 동무로 처신해 왔지만, 또한 대량 학살자가 느낄 만한 죄의식에 의해서 억압당할 수도 있다. 그렇지만 그의 죄의식은 근거를 가진 것이다. 그의 죄의식은 그가 주위 사람들에게 품어온 강력하고도 빈번한 죽음의 소원(Todeswunsch)에 뿌리를 박고 있다. 우리들이 의도적인 행위가 아니라 무의식적인 사고(思考)를 고려하고 있는 한에 있어서 그의 죄의식은 근거를 가지고 있다. 따라서 사고의 만능, 곧 현실에 대해서 정신적 과정을 높이 평가하는 것은 신경증 환자의 정서 생활에서, 그리고 이것으로부터 생기는 모든 결과에서 무한한 영향력을 행사한다. 그러나 우리들이 이러한 사람을, 그에게 있어서 무의식적인 것을 의식적인 것으로 만드는 정신분석학적 치료를 받게 한다면, 그는 사고(思考)가 자유라는 것을 믿을 수 없게 될 것이며, 마치 악한 소원을 표현만 하면 그 소원이 이뤄지기라도 하는 것처럼 빈번히 악한 소원을 표현하는 것을 두려워하게 될 것이다. 그러나 그는 생활 속에서 행동으로 나타나는 그의 미신과 마찬가지로 이와 같은 행동을 통해서 그가 얼마나 미개인과 가까운가를 우리들에게 보여준다. 미개인은 단지 자신의 사고를 통해서 외부 세계를 변화시킬 수 있다고 믿는다.

이러한 신경증 환자의 초기 강박 행위는 원래 전적으로 주술적 본성을 가진다. 강박 행위는 비록 마술은 아니라고 할지라도 부적과 같은 액막이로서 신경증을 일으키게 하는 재해의 기대(Unheilserwartung)를 막는 데 쓰이도록 되어 있다. 내가 매우 빈번하게 비밀을 파헤치려고 할 때마다, 이 재해의 기대는 죽음(Tod)을 내용으로 가지고 있다는 사실이 제시된다. 쇼펜하우어에 의하면 죽음의 문제는 모든 철학의 입구에 서 있다. 우리들은 다음의 사실을 들어왔다. 즉 물활론을 특징짓는 영혼에 대한 표상과 악령에 대한 믿음은 죽음이 인간에게 만들어준 인상으로 되돌아간다. 이 최초의 강박 행동이나 방어 행동이 유사성의 원리(Prinzip der Ähnlichkeit)를 따르는지 아니면 대조(Kontrast)의 원리를 따르는지를 판단하기란 어렵다. 왜냐하면 그러한 행동들은 신경증의 조건 아래에서는 보통 하찮은 것으로 전위되면서 가장 대수롭지 않은 행위로 왜곡되기 때문이다.[44] 강박 신경증의 방어 방식은 자신의 대응물을 마법의 주문(Zauberformel der Magie)에서 발견한다. 그러나 우리들은 강박 행위의 발달사(發達史)를, 강박 행위가 가능하면 성적인 것, 곧 악한 소원에 대한 주술적 방어로부터 멀어지려는 것에서 출발해 금지된 성행위의 대체와 그것에 가장 가까운 모방으로 끝난다고 기술할 수 있다.

---

44) 보잘것없는 행동으로의 전위(轉位)에 대한 또 다른 동기는 이후의 논의에서 부여될 것이다.

인간이 도달한 최초의 세계관, 곧 물활론의 세계관은 말하자면 하나의 심리학적 세계관이었다. 이 물활론의 세계관은 자신의 근거를 정립하기 위해서 아무런 과학도 필요로 하지 않았다. 왜냐하면 과학이란, 우리들이 세계를 알지 못하고, 그렇기 때문에 세계를 알기 위해서 방법을 찾지 않으면 안 된다는 사실을 통찰했을 때 비로소 등장하기 때문이다. 그러나 물활론은 미개인에게 자연적이며 자명한 것이었다. 미개인은 말하자면 마치 인간이 자기 자신을 느끼는 것처럼 세계의 사물들이 어떻게 존재하는지에 대해서 알고 있었다. 따라서 우리들은 다음의 사실을 미리 발견할 수 있다. 즉 미개인은 자신의 영혼(Psyche)의 구조 관계를 외부 세계에 적용했다.[45] 다른 한편으로 우리들은, 물활론이 사물의 본성에 관해서 가르치는 것을 인간의 정신에 되돌려서 적용하는 시도를 행할 수 있다.

물활론의 기술(die Technik des Animismus), 곧 주술(Magie)은 현실적 사물에 정신생활의 법칙을 강제하려는 의도를 우리들에게 가장 분명하게, 그리고 가장 순수하게 보여준다. 정령들이 주술적 처리의 대상이 될 수 있는 동안 정령들은 분명히 아직 아무런 역할도 행하지 못했다.

45) 소위 정신 내면적 지각에 의해서 인식된 것.

따라서 주술의 전제들은 물활론의 핵심을 형성하는 정령에 대한 이론보다 더 근원적이며 더 오래된 것이다. 여기에서 우리들의 정신분석학적 고찰은 물활론에 선행하는 물활론 이전의 단계를 가정한 매럿의 이론과 일치한다. 물활론 이전 단계의 특징은 유생관이라는 명칭을 통해서 암시된다. 전(前) 물활론(Präanimismus)에 관해서 경험은 거의 말해주는 것이 없다. 왜냐하면 우리들은 아직까지 영혼 표상을 가지지 않은 민족을 만나본 일이 없기 때문이다.[46)]

주술은 사고(思考)에 온갖 만능을 부여한 반면에, 물활론은 이 만능의 일부를 떼어내어 정령들에 귀속시킴으로써 종교 형성의 길을 마련했다. 그런데 미개인들로 하여금 이처럼 최초의 포기를 이행하도록 한 것은 무엇인가? 미개인은 전혀 자신의 전제가 틀렸다고 보지 않았다. 왜냐하면 미개인은 계속해서 주술적 기술(die magische Technik)을 보유했기 때문이다.

내가 다른 곳에서 암시한 것처럼 정령과 악마는 감정 자극의 투사에 지나지 않는다.[47)] 미개인은 자신의 정서

---

46) 매럿(R. R. Marett), 《초기 물활론적 종교(Pre-animistic Religion)》(1900), 분트의 《신화와 종교》, 171쪽 참조.

집중을 인격화하고 세계를 정서 집중과 함께 있게 했으며, 이제 자신의 내면적 정신 과정을 자신의 외부에서 다시 발견한다. 이것은 마치 총명한 편집증 환자 슈레버가 조합해 낸 '신의 빛(Gottesstrahlen)'의 운명에서 자신의 리비도의 구속과 해방이 반영되고 있는 것을 발견한 것과도 같다.[48]

앞에서와 마찬가지로[49] 여기에서도 우리들은, 정신 과정을 외부로 투사하려는 경향이 도대체 어디에서 유래하는가 하는 문제는 피하고 싶다. 그러나 투사에 의해서 심리적 위안이라는 장점을 기대할 수 있다. 그렇다면 분명히 충동 자극들이 모두 다 만능이 될 수는 없다. 정신생활에서 생긴 이와 같은 갈등을 해결하기 위해서 편집증(Paranoia)의 질병 과정은 실제로 투사의 메커니즘을 이용한다. 그런데 이와 같은 갈등의 전형적인 사례는 대립

---

47) 우리들은 다음처럼 가정한다. 즉 이 초기의 자기애적 단계에서는 리비도적 근원에서 생긴 리비도 집중과 다른 에너지 근원에서 생긴 리비도 집중은 아마도 서로 구분할 수 없이 통일되어 있을 것이다.

48) 슈레버(Schreber), 〈어떤 신경증 환자의 최상 가치(Denkwürdigkeiten eines Nervenkranken)〉(1903), 자서전적으로 기록한 편집증에 관한 나의 분석적 언급을 참조(《Ges. Werke》 Bd. VIII).

49) 앞에 인용한 내 논문을 참조할 것(《Ges. Werke》 Bd. VIII).

하는 쌍들의 양쪽 부분들 사이에 있는 사례이며, 곧 감정 양립적인 태도의 사례다. 우리들은 가까운 친지가 죽었을 경우 애도하는 사람의 입장에서 그와 같은 사례를 상세히 분석했다. 이와 같은 사례는 우리들이 보기에 투사상(投射像)을 창조하는 동기의 설명에 특히 적절할 것 같다. 여기에서 우리들은 다시금 악령을 모든 정령들 중에서 가장 먼저 생긴 것으로 설명하고, 죽음이 생존자에게 주는 인상으로부터 영혼 표상의 발생을 도출하는 연구자들의 의견에 동의한다. 우리들은 오직 다음과 같은 차이점만을 가지고 있다. 즉 우리들은 죽음이 생존자에게 부여하는 지적 문제를 우선적으로 취급하지 않고, 이와 같은 죽음의 상태에 의해서 생존자가 빠지는 감정 갈등을 탐구하도록 하는 힘을 우선적으로 취급한다.

따라서 인간의 최초의 이론적 업적—정령의 창조(die Schöpfung der Geister)—은 인간이 자신에게 부과한 최초의 윤리적 제약, 곧 터부 규정과 동일한 근원에서 생겼을 것이다. 그렇지만 원천이 동일하다고 해서 발생의 시기도 동일하다고 미리 판단해서는 안 된다. 미개인이 자신의 만능의 일부를 정령에게 양도하고 자신의 자유로운 임의적 행동의 일부를 희생하게끔 미개인을 생각하게 하고 그렇게 만드는 것이 실제로 죽은 자에 대한 생존자의 상황이라면, 이와 같은 문화 창조는 인간의 자기애(Narzißmus)에 역행하는 '운명(Ananke)'에 대한 최초의 인정일 것이다.

4. 토테미즘의 유아적 회귀

우선 정신적 활동과 형성이 한결같이 상당한 결정력을 가지고 있다는 것을 밝힌 정신분석학에 관해서 우리들은 다음과 같은 사실을 염려할 필요가 없다. 즉 정신분석학은 종교처럼 매우 복잡한 어떤 것을 하나의 유일한 원천으로부터 도출해 내기를 시도할 것이다. 만일 정신분석학이 어쩔 수 없이 자신의 의무에 알맞게 일면성을 가지고 이와 같은 종교라는 제도의 근원 중에서 유일한 근원을 다루고자 한다면, 정신분석학은 이것을 유일한 근원으로 주장하지도 않으며, 또한 함께 작용하는 계기들 중에서 가장 중요한 것이라고 주장하지도 않는다. 종교의 발생에 있어서 여기에서 논의하는 메커니즘이 어떤 상대적 의의를 가지는가 하는 것은 서로 다른 영역들의 탐구가 종합되어야 비로소 결정될 수 있다. 그러나 그와 같은 연구는 정신분석학자의 수단은 물론이고 의도도 넘어선다.

이 책에 있는 일련의 논문 중 첫 번째 논문에서 우리들은 토테미즘의 개념을 알게 되었다. 우리들은 토테미즘이 오스트레일리아, 아메리카, 아프리카의 특정한 원시민족들에게 종교의 위치를 대변하고 사회조직의 기초를 부여하는 체계라는 것을 들어왔다. 우리는 다음의 사실을 알고 있다. 스코틀랜드인 매클레넌(McLennan)이 1869년에, 과거와 현대의 다양한 사회에서의 무수히 많은 풍습과 습관은 토테미즘 시대의 유물로 이해되어야 할 것이라는 추측을 발표하면서 그때까지만 해도 단지 진기한 것(Kuriosa)으로만 평가되던 토테미즘의 현상들이 가장 일반적인 관심을 끌게 되었다. 그 이래로 과학은 토테미즘의 의미를 충분히 시인했다. 이 문제에 관한 최신 표현 중 하나로서 나는 분트의 《민족심리학의 요소들》의 한 구절을 인용하겠다.[50] "만일 우리들이 이 모든 것을 함께 받아들인다면, 다음의 결론은 매우 높은 개연성을 가지고 나타난다. 즉 토테미즘의 문화는 어느 곳에서나 일찍이 후대의 발전의 전(前) 단계를 형성했으며, 원시인의 상태와 영웅의 시대 및 신들의 시대를 이어주는 단계를 형성했다."

우리들은 이 논문의 의도를 이루기 위해서 토테미즘의 성격을 심도 있게 다룰 필요가 있다. 뒤에 가서 분명히 밝혀질 몇 가지 이유에서, 나는 여기서 우선 레나슈의 설명

---

50) 분트의 《민족심리학의 요소들(Elemente der Völkerpsychologie)》(1912), 139쪽.

을 소개한다. 레나슈는 1900년에 토테미즘 종교의 교리문답이라고 할 수 있는 12개 조항에 달하는 다음과 같은 토테미즘 법전(Code du totémisme)을 기획했다.[51]

1. 특정한 동물들은 죽여서도 안 되고 먹어서도 안 된다. 그러나 사람들은 이러한 종류의 동물의 개체들을 사육하고 보호한다.

2. 이런 동물이 우연히 죽으면 애도하고 종족의 구성원과 마찬가지로 경의를 표하고 매장한다.

3. 식용 금지는 때에 따라서 단지 동물의 일정한 신체 부분에만 관계된다.

4. 사람들이 보통 아끼던 동물을 어쩔 수 없이 필요에 따라서 죽이지 않으면 안 될 경우, 사람들은 그 동물에게 용서를 빌고, 터부의 손상을, 곧 살상을 다양한 변명과 핑계를 통해서 완화하기를 추구한다.

5. 만일 동물이 제물로 바쳐지면, 그 동물을 장엄하게 애도한다.

6. 어떤 의식(儀式)의 경우나 종교 의례(儀禮)에서 사람들은 특정한 동물의 가죽을 걸친다. 토테미즘이 여전히

51) 《제사, 신화, 그리고 종교》(1909), T. I., 17쪽에 재수록됨.

존속하는 곳에서 이 동물은 토템 동물이다.

7. 종족과 개인은 동물의 이름을, 바로 토템 동물의 이름을 자기 이름으로 한다.

8. 많은 종족들은 짐승의 모습을 문장(紋章)으로 사용하며, 이 문장을 가지고 자기들의 무기를 장식한다. 남자들은 동물의 모습을 몸에 그리거나 문신으로 새긴다.

9. 토템이 두렵고 무서운 동물에 속할 경우, 토템은 자신을 따라서 이름 붙인 종족의 구성원에게는 해를 끼치지 않는 것으로 여겨진다.

10. 토템 동물은 종족에 속하는 자들을 보호하고 위험을 경고한다.

11. 토템 동물은 자신을 충실히 따르는 사람들에게 미래를 예언하고 그들에게 지도자로서 봉사한다.

12. 한 토템 종족의 구성원들은 빈번하게 공통되는 조상의 끈을 통해서 자기들이 토템 동물과 연결되어 있다는 것을 믿는다.

다음의 사실을 고려할 경우, 우리들은 토템 종교의 이와 같은 교리문답을 비로소 평가할 수 있다. 즉 레나슈는 여기에서, 우리들이 토테미즘의 체계가 과거에 존속했다는 것을 추리할 수 있는 모든 징후와 흔적까지도 끌어들였던 것이다. 문제에 대한 이 저자의 특별한 위치는 다음의 사실 안에서 제시된다. 즉 그는 문제에 대해서 토테미즘의 본질적인 특징들을 어느 정도 소홀히 다룬다. 우리들은 다음의 사실을 확신하게 될 것이다. 즉 그는 토테미즘 교리문답의 두 가지 요점들 중에서 하나는 배후로 밀어버리고 다른 하나는 완전히 빠뜨리고 있다.

토테미즘의 성격에 관해서 올바른 모습을 획득하기 위해서 우리들은 한 사람의 저자를 주목할 필요가 있는데, 그는 이 주제에 대해서 네 권으로 된 책을 썼다. 이 책은 토테미즘의 성격에 해당하는 관찰을 가장 완전히 수집했으며, 토테미즘의 성격에 의해서 제기된 문제들을 상세히 논의하기도 했다. 비록 정신분석학의 연구 성과가 그가 도달한 결과로부터 많이 빗나간다고 할지라도, 우리들은 《토테미즘과 족외혼》(1910)의 저자인 프레이저가 가져다 준 은폐와 가르침에 많은 신세를 지고 있다.[52)]

---

52) 그러나 우선 우리들은 독자에게, 이 분야에서 확증을 얻는 것이 얼마나 어려운지를 알려주는 것이 아마도 좋을 것이다.

먼저 관찰 사례들을 수집하는 사람들과 그것들을 작업하고 논의하는 사람들은 동일한 사람들이 아니다. 전자(前者)는 여행자와 선교사이고, 후자(後者)는 자기들의 탐구 대상을 한 번도 보지 못했을 수도 있는 학자들이다. 미개인들과의 의사소통은 쉽지 않다. 모든 관찰자가 미개인의 언어에 정통하지 않았으므로 통역자의 도움을 받지 않으면 안 되

프레이저는 그의 첫 번째 논문에서 이렇게 기술했다.[53] 토템은 물질적 대상이고, 미개인은 이 대상에 미신

었고 때로는 엉터리 영어를 보조어로 사용하여 질문의 상대와 이야기하지 않으면 안 되었다. 미개인들은 자기들 문화의 가장 내밀한 것들을 전달하려고 하지 않으며, 그들 사이에서 수년간의 세월을 보낸 이방인에게만 자기들을 개방한다. 미개인들은 아주 다양한 동기에서 [프레이저의 〈오스트레일리아 원주민들 사이에서 종교와 토테미즘의 시초(The Beginnings of Religion and Totemism among the Australian Aborigines)〉(1905) 참조] 틀리거나 믿을 수 없는 정보를 흘린다. 우리들은 다음의 사실을 잊어서는 안 된다. 즉 원시민족들은 신생 민족이 아니고 원래 문명이 발달한 민족과 마찬가지로 오랜 민족일 수도 있으며, 그들이 원시적 관념과 제도를 우리들에게 알려주기 위해서 전혀 발달시키지도 않고, 또 왜곡시키지도 않은 채 온전하게 보존했으리라고 기대해서도 안 된다. 오히려 다음과 같은 사실이 확실하다. 즉 미개인들은 오히려 모든 면에서 근본적인 변화를 거쳤을 것이다. 그러므로 우리들은 화석(化石)과도 같은 그들의 현재 상태와 의견에 어떤 원시적 과거가 보존되어 있는지, 그리고 어떤 것이 원시적 과거의 왜곡과 변화에 일치하는지를 결코 숙고하지 않고 판단할 수 없다. 그렇기 때문에 연구자들 사이에서는 원시 문화의 고유성의 어떤 것을 1차적인 것으로, 그리고 어떤 것을 나중의 2차적인 형태로 파악할 것이냐에 대한 상당한 논쟁이 일어난다. 따라서 근원적인 상태를 확정하는 것은 매번 구성의 문제로 남는다. 결국 미개인들의 사고방식 속으로 뛰어들어 같이 느끼는 일은 쉬운 일이 아니다. 우리들은 아이들을 오해하는 것처럼 미개인들을 오해하기 쉬우며, 언제나 그들의 행동과 감정을 우리들 자신의 정신 상태에 따라서 해석하려는 경향을 가지고 있다.

53) 프레이저, 《토테미즘과 족외혼》.

적 존경을 바친다. 왜냐하면 그는 자기 자신과 그와 같은 대상에 속하는 모든 종류의 사물 사이에 매우 특별한 관계가 성립한다고 믿기 때문이다. 한 인간과 그의 토템과의 결합은 상호 관계적인 결합이고, 토템은 인간을 수호하고 인간은 다양한 방식으로 토템에 대한 존경을 증명한다. 그래서 예컨대 토템이 동물이면 인간은 그것을 죽이지 않으며, 토템이 식물이면 인간은 그것을 뜯지 않는다. 토템은 다음과 같은 점에서 주물(呪物, Fetisch)로부터 구분된다. 즉 토템은 주물처럼 결코 개별 사물이 아니고 항상 하나의 종(種, Gattung)이며, 보통 일종의 동물이나 식물이고, 드물게는 무생물일 경우도 있고, 더 드물게는 인위적으로 만들어진 대상들일 수도 있다.

우리들은 적이도 다음처럼 세 종류의 토템을 구분할 수 있다.

1. 종족 토템. 종족 전체가 이 토템에 속하며, 이 토템은 세습적으로 한 세대에서 다음 세대로 계승된다.

2. 성별 토템. 이 토템은 한 종족의 모든 여자 구성원들이나 모든 남자 구성원들에 속하며 동시에 두 성에 속하지 않는다.

3. 개인 토템. 이 토템은 개인에게 적절하며 후손에게

는 계승되지 않는다.

마지막 두 가지 토템의 종류는 중요성에 있어서 종족 토템과 비교되지 못한다. 그 두 가지 토템은 비록 모든 것을 기만하지는 않는다고 할지라도, 토템의 본질에 대해서 그다지 중요하지 않으며 뒤늦게 형성된 것이다.

종족 토템은 남자들과 여자들로 이루어진 집단의 숭배 대상이다. 이들 남녀는 토템의 이름을 따라서 자기들의 이름을 붙이며, 자기들을 같은 조상에서 태어난 혈족으로 여기며 상호의 공동 의무와 토템에 대한 믿음을 통해서 서로 굳게 결합되어 있다.

1) 토테미즘의 기원

토테미즘의 발생에 대한 물음은 또한 다음처럼 공식화된다. 미개인들은 어떻게 자기들을(자기네 종족을) 동물, 식물, 그리고 무생물의 이름에 따라서 부르게 되었는가?[54] 스코틀랜드인 매클레넌은 토테미즘과 족외혼(Totemismus und Exogamie)을 최초로 학문의 대상으로 삼았지만,[55] 토테미즘의 발생에 대한 견해는 발표하지 않

54) 아마도 처음에는 오직 동물의 이름으로만 불렸을 것이다.

았다. 랭의 보고에 따르면,[56] 랭은 오랫동안 토테미즘이 문신의 풍습에서 생겼다고 보았다. 토테미즘의 유래에 대해서 지금까지 발표된 이론들을 나는 (a) 명목론적 학설, (b) 사회학적 학설, (c) 심리학적 학설 등 세 부류로 나누려고 한다.

(a) 명목론적 학설

이 학설들에 대한 나의 언급은 내가 이와 같은 제목을 가지고 이 학설들을 요약한 것을 정당화해 줄 것이다.

이미 페루 잉카족의 후예인 가르실라소 데 라 베가(Garcilaso de la Vega)는 17세기에 자기 민족의 역사에 관해서 기술했다. 그는 자신이 토테미즘 현상으로 알고 있던 것의 기원을, 이름을 통해서 서로를 구분하려는 종족들의 욕구에서 구하려고 했다.[57] 이와 똑같은 생각이 몇 백 년 지난 뒤에 킨(A. K. Keane)의 인종학에서도 나타난

---

55) 〈동물과 식물의 숭배(The Worship of Animals and Plants)〉[〈Fortnightly Review〉(1869～1870)]와 〈미개인의 결혼(Primitive Marriage)〉(1865). 이 두 연구는 《고대사 연구(Studies in Ancient History)》(1876)에 재수록되어 있다.

56) 랭, 《토템의 비밀》, 34쪽.

57) 앞의 책, 34쪽.

다. 토템은 개인들, 가족들, 종족들이 자기들을 서로 구분하려고 한 '문장(紋章, Wappenabzeichen)'에서 생겼을 것이다.[58)]

막스 뮐러(Max Müller)도 자신의 《신화학 논문집(Contribution to the Science of Mythology)》(1897)에서 토템의 의미에 관한 똑같은 견해를 발표했다.[59)] 토템은 1. 씨족의 표시이고, 2. 씨족의 명칭이며, 3. 씨족의 조상의 이름이며, 4. 씨족이 숭배하는 대상의 이름일 것이다. 피클러(J. Pikler)는 1899년 다음처럼 말했다. 인류는 공동체와 개인을 위하여 기록해서 남아 있는 고정 가능한 명칭을 필요로 했다… 이처럼 토테미즘은 종교적 필요에서가 아니라 평범한 일상의 필요에서 생긴다. 토테미즘의 핵심, 곧 명명(命名)은 원시적 기록 기술(Schrifttechnik)의 결과다. 토템의 성격은 또한 쉽사리 표현할 수 있는 상형문자(Schriftzeichen)에 관한 성격이기도 하다. 그러나 미개인들이 처음으로 어떤 동물의 이름을 지니게 되면, 그들은 이 동물의 이름으로부터 자기들이 이 동물과 혈연관계에 있다는 생각을 도출해 냈다.[60)]

---

58) 같은 책, 34쪽.

59) 같은 책.

허버트 스펜서도 마찬가지로 토테미즘 발생의 결정적 의미를 명칭 부여에 두었다.[61] 그는 다음처럼 설명했다. 각각의 개인들은 자기들의 특성에 따라서 알맞은 동물의 이름으로 불리도록 되어 있었을 것이고, 이것이 명칭이나 별명이 되었다가 자손에게 전해졌을 것이다. 원시 언어는 불명확하고 애매하기 때문에, 후대의 자손들은 이 명칭들을 이와 같은 동물들 자체로부터 자기들이 유래한 증거인 것처럼 파악하게 되었다. 따라서 토테미즘은 잘못 이해된 조상 숭배의 결과였으리라는 것이다.

비록 오해를 강조하지는 않는다고 할지라고 에이브버리 경[이전 이름인 존 러벅(John Lubbock)으로 더 잘 알려져 있는]은 토테미즘의 기원에 대해서 전적으로 비슷하게 판단한다. 동물숭배를 실명하려고 할 경우, 우리들은 인간의 이름을 얼마나 자주 동물로부터 빌려 오는지를 잊어서는 안 된다.

60) 피클러와 솜로(Somló), 《토테미즘의 근원(Der Ursprung des Totemismus)》(1901). 저자들은 자기들의 해명의 시도를 '유물론적 역사 이론에 대한 기여'로 정당하게 표시한다.

61) 스펜서의 〈동물숭배의 기원(The Origin of Animal Worship)〉[〈Fortnightly Review〉(1870)], 《사회학 원리(Prinzipien der Soziologie)》 Bd. I, 169~176절.

(b) 사회학적 학설

후대의 제사와 풍습 속에 있는 토테미즘 체계의 잔재를 성공적으로 추적한 레나슈는, 그러나 처음부터 토테미즘이 토템 동물로부터 유래한다는 주장을 별 가치 없는 것으로 평가했으며, 그가 보기에 토테미즘은 '사회적 본능의 확대(une hypertrophie de l'instinct social)'[62]에 지나지 않는다고 주저하지 않고 말했다.

뒤르켐(E. Durkheim)의 최근 저서 《종교적 삶의 기본 형태: 오스트레일리아의 토템 체계(Les formes élémentaires de la vie religieuse: Le systéme totémique en Australie)》(1912)도 똑같은 견해를 가지고 있는 것 같다. 토템은 이와 같은 종족들의 사회적 종교를 명백하게 대변한다. 토템은 원래 숭배의 대상인 공동사회를 구현한다.

또 다른 연구자들은 사회적 충동이 토템 제도 형성에 있어서 보다 더 정확한 기초가 되었다는 점을 추구했다. 해든(A. C. Haddon)은 다음처럼 가정했다. 즉 모든 원시 종족은 근원적으로 특정한 종류의 동물이나 식물을 먹고 살았으며, 아마도 이 먹을거리를 가지고 거래했을 것이고

62) 《제사, 신화, 그리고 종교》(4 vols, 1905~1912).

물물교환을 통해서 그것을 다른 종족들에게 전파했을 것이다. 다음의 사실은 분명할 수밖에 없었다. 즉 자신에게 매우 중요한 역할을 행하는 짐승의 이름을 가진 종족은 다른 종족들에게 알려지게 되었다. 동시에 이 종족에게는 해당 동물에 대한 특별한 친근감과 일종의 관심이 틀림없이 발달했을 것이다. 그러나 이러한 관심은 인간의 가장 기본적이며 가장 절실한 욕구 이외의 다른 것이 아닌 심리적 동기, 곧 보고픔을 근거로 삼았다.[63)]

모든 토템 이론들 중 가장 합리적인 이 학설에 대한 반대는 다음과 같다. 즉 그와 같은 식생활의 상태는 미개인의 경우 어느 곳에서도 발견되지 않을 것이며 아마도 결코 존재한 일이 없었을 것이다. 미개인들은 잡식성이었을 것이며, 열악한 상태에 처할수록 그들은 더욱더 잡식성이었을 것이다. 더 나아가서 그와 같은 배타적 섭생(Diät)으로부터 어떻게 거의 종교적인 태도가 토템으로 발전하여 좋아하던 식품을 완전히 끊을 수 있었던가 하는 점은 이해하기 어렵다.

프레이저가 토테미즘의 발생에 관해서 발언한 세 가지

---

63) 〈대영협회 제72회 회합 보고서〉에 실린 해든의 〈인류학 부문 주제 연설〉(1902). 프레이저가 《토테미즘과 족외혼》에서 이것을 인용했다.

이론 중 첫 번째 이론은 심리학적 이론이다. 이것은 다른 곳에서 설명될 것이다.

여기에서 언급되는 프레이저의 두 번째 이론은 중앙오스트레일리아의 원주민에 관한 두 연구자의 중요한 저술의 영향을 받았다.

스펜서와 길런(Gillen)은 소위 아룬타국(Aruntanation)으로 알려진 곳의 종족 집단에서 발견되는 일련의 고유한 제도, 관습, 견해를 기술했으며, 프레이저는 이 특수성이 원시 상태의 특징으로 고찰되어야 하며, 또한 이 특수성이 토테미즘의 최초의 본래적인 의미에 관해서 해명할 수 있다는 스펜서와 길런의 판단에 동의했다.

아룬타 종족 자체에서(아룬타국의 일부에서) 발견된 고유성들은 다음과 같다.

1. 아룬타 종족은 토템 씨족으로 구분되지만, 토템은 세습적으로 전해지지 않고 (나중에 설명하는 방식으로) 개별적으로 결정된다.

2. 토템 씨족은 족외혼을 따르지 않으며, 결혼의 제약은 토템과는 상관없는, 결혼 계급 내에서의 고도로 발달된 분화에 의해서 성립한다.

3. 토템 씨족의 기능은 선택된 주술적 방식으로 식용 가

능한 토템 동물의 증식을 목적으로 삼는 의식(儀式)을 수행하는 데서 성립한다[이 의식은 인티치우마(Intichiuma)라고 일컬어진다].

4. 아룬타족은 독특한 수태설(受胎說)과 재생설을 가지고 있다. 이들은 다음처럼 믿는다. 즉 동일한 토템에 속하는 죽은 자의 영혼은 그들 땅의 특정한 장소에서 재생을 기다리며, 그 장소를 지나가는 여성들의 신체 속으로 들어가는 것이다. 아이가 태어나면, 어머니는 어떤 영혼의 장소에서 자신이 수태했다고 믿는지를 진술한다. 이에 따라서 아이의 토템이 결정된다. 더 나아가서 다음처럼 가정된다. 즉 영혼들은(죽은 자의 영혼과 마찬가지로 재생하는 자식의 영혼은) 그 장소에서 발견되는 [추링가(Churinga)라는 이름을 가진] 독특한 액막이 돌에 묶여 있다.

두 가지 계기들이 프레이저로 하여금 아룬타족의 제노를 토테미즘의 가장 오랜 형태로 믿게끔 한 것처럼 여겨진다. 첫 번째 계기는, 다음처럼 주장하는 특정한 신화의 존재다. 즉 아룬타족의 조상은 보통 자기들의 토템으로 영양을 보충했을 것이며, 자기들 자신의 토템에 속하는 여자들과만 결혼했을 것이다. 두 번째 계기는, 그들의 수태설

(Konzeptionstheorie)에서는 아마도 성행위가 무시되고 있으리라는 점이다. 임신이 성교의 결과라는 사실을 모르는 인간은 현존하는 인간들 중에서 가장 낙후된 상태에 있고, 또한 가장 미개한 인간으로 여겨질 수 있다.

(c) 심리학적 학설

아직 스펜서와 길런의 관찰을 알기 이전에 만들어진 프레이저의 최초의 심리학적 이론은 '외적 영혼'에 대한 신앙을 바탕으로 삼았다.[64] 토템은 영혼이 자기를 위협하는 위험을 벗어나서 보호받을 수 있는 피난처를 표현한다. 미개인은 자신의 영혼을 토템에 불러들이면, 그 자신은 해를 입지 않았으며, 자연히 자기 영혼의 지참자인 토템을 해치지 않으려고 했던 것이다. 그러나 미개인은 어떤 개별적인 종류의 동물이 자기 영혼의 지참자인지 몰랐기 때문에, 그 종류에 해당하는 모든 동물을 소중히 대하는 경향이 있었다. 프레이저 자신은 나중에 토테미즘의 기원이 영혼에 대한 신앙에서 생겼다는 사실의 증명을 포기했다.

프레이저는 스펜서와 길런의 관찰을 알았을 때, 바로

64) 《황금 가지》.

앞에서 언급된 토테미즘의 또 다른 사회학적 이론을 제시했다. 그러나 그 후 다음의 사실을 발견했다. 즉 그가 토테미즘을 도출해 낸 동기가 지나치게 '합리적'이며, 토테미즘을 도출해 냄에 있어서 우리들이 원시적이라고 부른 것보다 지나치게 복잡한 사회조직을 전제로 삼았던 것이다.[65] 그가 보기에 이제 주술적 협력 사회는 토테미즘의 씨앗이라기보다는 오히려 결실이다. 그는 토테미즘의 기원을 도출해 내기 위해서 이와 같은 형상들 배후에 있는 보다 더 단순한 계기, 곧 원시적인 미신을 찾았다. 그리하여 그는 아룬타족의 진기한 수태설에서 그와 같은 근원적인 계기를 발견했다.

이미 언급한 것과 마찬가지로 아룬타족은 임신과 성행위의 관례를 부정한다. 여자는 자신이 어머니가 되었다고 느끼는 순간, 가장 가까운 곳에 있는 영혼들의 장소에서 재생을 기다리는 영혼이 그녀의 몸으로 들어와서 아이로 태어난다. 이 아이는 특정한 장소에서 숨어서 기다리는 모든 영혼들과 똑같은 토템을 가진다. 이 수태설은 토템

65) "미개인의 공동사회가 자연 영역을 구역들로 소중하게 분할하고, 각 구역을 주술사들의 특별한 집단에 넘겨주고 공동의 선을 위해서 주술사들로 하여금 그들의 주술을 행하고 주문을 하도록 한 것 같지는 않다." 프레이저의 《토테미즘과 족외혼》 IX, 57쪽.

을 전제로 하고 있기 때문에 토테미즘을 해명할 수 없다. 그러나 한 걸음 더 물러서서, 여자가 처음으로 어머니가 된 것을 느꼈기 때문에 여자가 상상한 동물, 식물, 돌, 대상 등이 실제로 여자의 몸속으로 들어오고, 그다음에는 그녀로부터 인간의 형태를 가지고 태어난다고 여자가 근원적으로 믿었다고 가정해 보기로 하자. 그러면 한 인간의 토템과의 동일시는 어머니의 믿음에 의해서 실제로 근거가 정립되며, 다른 모든 토템 명령은 (족외혼을 제외하고) 여기에서 쉽사리 도출된다. 그 인간은 이 동물이나 식물을 먹는 것을 삼가게 될 것이다. 왜냐하면 만일 그가 그것들을 먹는다면, 말하자면 그는 자기 자신을 먹는 것이 되기 때문일 것이다. 그러나 그는 때에 따라서는 의식(儀式)의 방식으로 자신의 토템의 일부를 조금씩 즐겁게 먹을 수 있을 것이다. 왜냐하면 그는 그렇게 함으로써 토테미즘에서 가장 본질적인 것, 곧 토템과 자신의 동일화를 강화할 수 있었기 때문일 것이다.

1894년에 타계한 윌리엄 로버트슨 스미스(William Robertson Smith)는 물리학자, 언어학자, 성서 비판가, 고고학 연구자이자 다방면에 관심을 기울인 명석한 자유사상가로서 1889년에 출판된 셈족의 종교에 관한 저서에서 다음과 같은 가정을 말했다.[66] 즉 소위 토템 향연(Totemmahlzeit)이라고 하는 독특한 의식(儀式)이 처음부터 토템 체계의 불가결한 구성 요소를 형성했던 것이다. 당시 이러한 추측을 뒷받침하기 위해서 그에게 있었던 것은 5세기부터 전해지던 그와 같은 명령 행위에 대한 유일한 문서뿐이었다. 그러나 그는 고대 셈족의 봉헌물(Opferwesen)을 분석함으로써 이 가설의 개연성을 한 단계 더 높이 끌어올릴 수 있었다. 봉헌은 신적 인격을 전제로 삼기 때문에 여기에서 중요한 것은 보다 높은 종교적 의례(儀禮)의 단계로부터 가장 낮은 토테미즘 단계로의 역추리(逆推理)다.

이제 나는 스미스의 이 탁월한 저서에서, 봉헌 의례의 원천과 의미에 관하여 우리들의 관심을 결정적으로 끄는 문장들을 추려서 살펴보기로 했다. 그러기 위해서는 매우 매력적인 세부 사항을 생략하고, 이 의례 이후의 모든 발전을 결국 무시해야 하는 것을 피할 수 없다. 이와 같은 발췌문에서 원저 서술의 명쾌함이나 설득력을 독자에게 전달하는 일은 전적으로 배제될 수밖에 없다.

스미스는 제단의 제물이 고대 종교의 의식(儀式)에서

66) 《셈족의 종교(The Religion of the Semites)》(1907).

본질적인 부분이었다고 상세하게 설명한다. 제물은 모든 종교에서 동일한 역할을 담당하기 때문에 우리들은 제물의 발생을 매우 일반적이며, 어디에서나 동일하게 작용하는 원인으로 소급하지 않으면 안 된다.

제물-성스러운 행위-은 그러나 원래 후대에 와서 이해된 것과 다른 어떤 것을 의미했다. 즉 제물은 신의 분노를 달래거나 신의 호의를 받기 위해서 신에게 바쳐진 것이 아니었다(자기 방기라는 부차적인 의미로부터 이 말의 세속적 사용이 시작되었다). 제물은 처음에는 오직 '신과 그 숭배자 사이의 사회적 친교 행위'로만 증명될 수 있었다. 이러한 행위는 신자들과 그들의 신과의 교제 행위이자 성찬식(Kommunion)이다.

제물로는 먹고 마실 수 있는 것들이 바쳐졌다. 인간은 자기가 먹는 것과 같은 것, 곧 고기, 곡물, 과실, 술, 기름 등을 자신의 신에게도 바쳤다. 단지 고기 제물에 관해서는 몇 가지 제한과 예외가 있었다. 동물 제물은 신과 신자들이 그 고기를 함께 먹지만, 식물 제물은 모두 신에게만 맡겨졌다. 다음의 사실은 의심의 여지가 전혀 없다. 즉 동물 제물은 보다 더 오래된 것이고, 일찍이 유일한 제물이었다. 식물 제물은 모든 과실 중의 첫 번째 수확물을 바치는 것에서 생겼으며, 대지의 신과 땅의 신에게 바치는 공물(供物)에 해당한다. 그러나 동물 제물은 농업보다 더 오래된 것이다.

상당수의 강한 계기들이 영향을 미치고 있기 때문에, 나는 종교들이 토테미즘에서 시작해서 오늘날의 상태에 이르기까지 발전했다고 쓰는 것을 주저하게 된다. 나는 내가 보기에 조직을 통해서 특히 드러나는 오직 두 개의 실마리를 전적으로 추적할 것이다. 두 개의 실마리는 토템 제물의 동기와 아버지에 대한 아들의 관계다.[67)]

스미스는 다음의 사실을 우리들에게 가르쳐주었다. 즉 고대의 토템 향연은 근원적인 봉헌의 형식 안에서 반복된다. 이 행위의 의미는 똑같은 것인데, 그것은 공동으로 향연에 참가함으로써 자신을 신성화(神聖化)하는 것이다. 향연에는 죄의식도 남아 있으며, 이 죄의식은 모든 참가자들의 연대감을 통해서만 해소될 수 있다. 종족의 신이 새롭게 덧붙여지며, 이 신이 현재 있다고 생각될 경우 봉헌이 성립한다. 이 신은 종족의 동료처럼 향연에 참석하며 사람들은 봉헌에서의 향유(Genuß)를 통해서 자기들을

67) 부분적으로는 나와 관점이 다른 융의 다음 연구를 참조할 것. 〈리비도의 변화와 상징(Wandlungen und Symbole der Libido)〉(1912).

이 신과 동일화한다. 신은 어떻게 자기에게는 원래 생소한 이와 같은 상황으로 들어오는가?

답은 다음과 같을 수 있다. 그런데-어디서부터인지는 알려져 있지 않지만-신이라는 관념이 떠올랐을 것이고, 이 신 관념이 전체적인 종교 생활을 지배했을 것이며, 존속하려는 모든 다른 것들과 마찬가지로 토템 향연도 새로운 체계와 연관을 맺지 않으면 안 되었을 것이다. 그러나 개별 인간에 대한 정신분석학적 탐구는 다음의 사실을 전적으로 특별히 강조하면서 가르쳐준다. 즉 개개인에게 신은 아버지의 모습에 따라서 형성되었으며, 신에 대한 그의 개인적 관계는 육체적인 아버지에 대한 그의 관계에 의존하고, 아버지와 함께 동요하며 변화하고, 신은 근본적으로 고양된 아버지 이외의 다른 것이 아니다. 정신분석학은 토테미즘의 경우와 마찬가지로 여기에서도 신자들이 토템을 조상이라고 부르는 것처럼 신을 아버지라고 부르는 신자들에게 신앙을 선물하기를 권고한다. 만일 정신분석학이 어떤 주목을 받을 만하다면, 정신분석학이 전혀 해명할 수 없는 신에 대한 모든 다른 원천 및 의미와는 관계없이 신 관념에 아버지가 참여하는 것은 분명히 매우 중요한 것이 아닐 수 없다. 그러나 다음으로 원시적 봉헌의 상황에서 아버지는 두 번 나타나는데, 한 번은 신으로 나타나고, 한 번은 토템 제물 동물로 나타난다. 그리고 우리들은 정신분석학적 해명이 다양성이 부족하다는 것을 인정하면서도 어떻게 아버지가 두 번 나타나는 것이 가능한지, 그리고 그러한 사실이 어떤 의미를 가질 수 있는지 묻지 않으면 안 된다.

우리들은 신과 신성한 동물(토템, 제물 동물) 사이에는 다음과 같은 중복된 관계들이 있다는 것을 안다. 1. 각각의 신에게는 보통 한 동물이 신성하며, 여러 동물들이 신성한 경우도 드물지 않다. 2. 특별히 신성한 어떤 봉헌에서, 곧 '비의적(秘儀的)' 봉헌에서는 그에게 신성한 동물이 신에게 제물로 바쳐졌다.[68] 3. 신은 빈번히 동물의 형태로 숭배되었으며, 달리 보자면 토테미즘의 시대가 지난 지 오래되면 동물들은 신적 숭배를 받게 되었다. 4. 신화에서 신은 자주 동물로 변화하며, 흔히 그 신에게 신성한 동물로 변신한다. 따라서 신 자신이 토템 동물이었을 것이며, 종교적 감정의 후기 단계에서 신은 토템 동물로부터 발전했으리라는 설득력이 있는 것 같다. 그러나 토템 자체가 아버지의 대리자였다는 것을 생각하면 우리들에게 더 이상의 논의는 필요 없는 것이다. 따라서 토템은 아버

68) 스미스, 《셈족의 종교》.

지를 대리하는 자의 최초의 형식일 수 있지만, 신은 그 안에서 아버지가 자신의 인간적 형태를 회복한 나중의 형식일 수 있다. 모든 종교 형성의 뿌리로부터, 곧 아버지에 대한 동경으로부터 시대의 경과와 함께 아버지에 대한 관계에서—그리고 아마도 동물에 대한 관계에서도—본질적인 것이 변했을 때 이와 같은 새로운 창조가 가능해질 수 있었다.

이와 같은 변화는, 우리들이 동물로부터 심리적으로 멀어지기 시작하는 것과 동물의 가축화를 통한 토테미즘의 해체를 도외시하려고 한다고 할지라도 쉽사리 추측된다.[69] 아버지의 제거에 의해서 생긴 상황 속에는 시간이 흐름에 따라 분명히 아버지에 대한 동경(Vatersehnsucht)의 특별한 상승을 생기게 하는 계기가 있었다. 아버지를 살해하기 위해서 함께 모였던 형제들은 각자가 아버지와 똑같이 되려는 소원을 가지고 있었으며, 토템 향연에서 아버지의 대리자가 되는 토템 동물의 일부를 먹는 것은 이와 같은 소원의 표현이었다. 이와 같은 소원은, 형제들로 된 씨족의 결속이 각 구성원에게 행한 압력 때문에 성취되지 못하는 것이 분명했다. 그렇지만 어떤 형제들도 그들 모

69) 앞의 책, 166쪽.

두가 추구했던 아버지의 절대 권력에 더 이상 도달할 수 없었으며 도달해서도 안 되었다. 그리하여 오랜 시간이 흐르면서 아버지를 살해하는 행동으로 형제들을 억압했던 아버지에 대한 분노는 진정되고 아버지에 대한 동경이 자라며, 하나의 이상(ein Ideal)이 생길 수 있다. 이 이상은 한때 투쟁의 대상이었던 원초적인 아버지의 권력의 충만함과 무제한성, 그리고 아버지에게 자신이 복종하는 것을 내용으로 가지고 있었다. 철저한 문화적 변화로 인하여 모든 종족 구성원 개개인의 근원적인 민주적 평등은 더 이상 고집될 수 없었다. 따라서 타인들보다 뛰어난 개별적 인간에 대한 숭배를 바탕 삼고 신들을 창조함으로써 오래된 아버지의 이상(Vaterideal)을 재생하려는 경향이 제시되었다. 인간이 신이 되고 신이 죽는다는 것은 오늘날의 우리들이 보기에는 충격적인 부당한 주장이지만, 고전적 고대의 표상 능력에 의하면 이것은 전혀 이상한 일이 아니다.[70] 그러나 이제 이 종족은 자신의 기원을 아버지로부

---

70) "우리들 현대인에게는, 인간과 신을 가로막는 건널 수 없는 심연이 있어서 그와 같은 모방은 신성모독으로 나타나겠지만, 고대인의 경우는 달랐다. 고대인들의 생각에 의하면 신들과 인간은 동족이었다. 왜냐하면 많은 가족들이 자기들의 혈통을 신성함으로부터 추적했으며, 고대인들에게 인간의 신격화는 아마도 근대 가톨릭 성자의 성인화 과

터 도출하는데, 한때 살해당한 아버지를 신으로 고양시키는 일은 그 이전의 토템과의 계약보다 훨씬 더 진지한 속죄의 시도였다.

원죄설(die Lehre von der Enbsünde)은 오르페우스교에서 유래한다. 오르페우스교는 비교(秘教)에 속해 있었으며, 그로부터 고대 그리스의 철학 학파 속으로 들어오게 되었다.[71] 인류는 젊은 디오니소스-자그레우스(DionysosZagreus)를 죽여서 토막 낸 거인족들(Titanen)의 후예였다. 이와 같은 범죄의 짐이 인류를 억누르고 있었다. 아낙시만드로스(Anaximandros)의 한 단편에서는 다음처럼 이야기되고 있다. 즉 세계의 통일은 태고의 범죄에 의해서 파괴되었을 것이고, 그와 같은 범죄에서 생긴 모든 것은 그 범죄에 대한 벌을 계속해서 짊어지지 않으면 안 된다.[72] 떼를 지어 살인하고 토막 내는 특징을 보여주는 거인족의 행위는 성 닐루스(St. Nilus)가 기록한 토템

정처럼 거의 예외적인 것으로 여겨지지 않았기 때문이다."《황금 가지》 제1권, 177쪽.

71) 《제사, 신화, 그리고 종교》 Bd. II, 75쪽.

72) 《제사, 신화, 그리고 종교》에 나오는 '일종의 윤리 이전의 죄(une sorte de péché proethique)'. 《제사, 신화, 그리고 종교》 Bd. I, 76쪽.

봉헌을 아주 뚜렷하게 기억하도록 한다. 이 이외에도 고대의 다른 많은 신화와 마찬가지로, 예컨대 오르페우스 자신의 죽음도 토템 봉헌의 형식이다. 그렇지만 여기에서 우리들을 괴롭히는 사실은 죽게 되는 것이 젊은 신들이라는 점이다.

기독교 신화에서 인간의 원죄는 의심할 여지 없이 아버지인 신(Gottvater)에 대한 죄다. 그런데 그리스도가 자기 자신의 삶을 희생함으로써 인류를 원죄의 억압으로부터 구원한다면, 그는 우리들로 하여금 원죄가 상해 행위(Mordtat)였다는 결론을 내리도록 강요하는 것이다. 인간의 감정에 깊이 뿌리박은 탈리온[Talion, 동태복수법(同態復讐法)]의 법칙에 따르면, 살인은 오직 또 다른 생명을 희생함으로써만 속죄될 수 있다. 따라서 자기희생은 살인죄를 바탕으로 삼는다.[73] 그리고 만일 이와 같은 자기 생명의 봉헌이 아버지인 신과의 화해를 가져온다면, 속죄해야만 하는 죄는 아버지 살해 죄 이외의 다른 어떤 죄일 수 없었을 것이다.

따라서 인류는 기독교 이론에서 태곳적 죄지은 행위에

---

73) 신경증 환자들의 자살 충동은 보통 사람이 죽기를 바라는 것에 대한 자책으로 증명된다.

대해서 적나라하게 고백한다. 왜냐하면 기독교 이론은 이제 아들의 희생적인 죽음에서 인류를 위한 가장 풍부한 속죄를 발견했기 때문이다. 아들은 여자 때문에 아버지에게 반항하는데, 이와 같은 희생과 동시에 여자를 완전히 포기하는 결과가 생기기 때문에 아버지와의 화해는 한층 더 철저해진다. 그러나 이제 감정 양립(Ambivalenz)이라고 하는 심리학적 운명이 자신의 권리를 요구한다. 아버지에게 최대한으로 가능한 화해를 제공하는 동일한 행동과 함께 아들도 아버지에게 대항하는 자신의 소원을 성취한다. 아들은 스스로 아버지와 함께 신이 되며, 실제로는 아버지 대신에 신이 된다. 아들의 종교는 아버지의 종교를 대신한다. 이와 같은 대체의 표시로 이전의 토템 향연은 성찬식으로 다시 살아난다. 이제 이 성찬식에서 형제들의 무리는 더 이상 아버지의 살과 피가 아니라 아들의 살과 피를 향유하며, 이 향유를 통해서 신성하게 되고 아들과 동일화된다. 우리들의 시선은 긴 시대를 통해서 토템 향연과 동물 봉헌, 신인 동형물(神人同形物), 기독교 성찬식 등과의 동일성을 추적하며, 이 모든 축제에는 인간들을 매우 억압했지만 분명히 인간이 자부심을 가졌던 그러한 범죄의 잔영이 있음을 인식한다. 그러나 기독교 성찬식은 근본적으로 아버지를 다시 제거하는 것이며, 속죄하는 행위의 반복이다. 우리들은 다음과 같은 프레이저의 문장이 얼마나 정당한지를 주목하게 된다. "기독교 성찬식은 의심할 나위 없이 기독교보다 훨씬 더 오래된 성찬(sacrament)을 자기 자신 안으로 흡수했다."[74)]

아들들에 의한 원천적 아버지의 제거(die Beseitigung des Urvaters)와 같은 과정은 분명히 인류 역사에 지울 수 없는 흔적을 남겼으며, 이 과정은 그 자체가 덜 기억될수록 더욱더 무수한 대치물들의 형성으로 표현된다.[75)] 신화에서 이런 흔적을 발견하는 것은 어렵지 않지만, 그러한 흔적을 증명하려는 추구로부터 방향을 바꾸어 나는 레나슈가 오르페우스의 죽음에 관한 내용이 풍부한 논문에서 암시한 것을 따르고자 한다.[76)]

---

74) 프레이저의 《황금 가지》 중 〈신을 먹기(Eating the God)〉, 51쪽. 이 문헌에 정통한 사람은 어느 누구라도, 기독교 성찬식의 기원을 토템 향연으로 되돌리는 것이 이 논문의 저자인 나의 생각이라고 인정하지 않을 것이다.

75) 셰익스피어의 《폭풍》에서 아리엘(Ariel)의 노래. "다섯 길 깊이에 그대의 아버지가 누워 있다./ 그의 뼈는 산호가 되었고/ 그의 눈은 진주가 되었다./ 이제 그는 더 상할 것이 없다./ 그는 바다의 변화만 감내한다./ 풍요롭고 낯선 어떤 것으로."

76) 이 책에서 자주 인용한 책 《제사, 신화, 그리고 종교》에서 〈오르페

바로 정신분석학적 사고방식의 측면으로부터 또 다른 의심이 제기될 수 있다.

우리들은 원시사회의 최초의 도덕 명령과 윤리적 제약을 어떤 행위에 대한 반응으로 이해했는데, 이 행위는 행위자에게 범죄 개념을 부여했다. 이런 행위를 범한 자들은 이 행위를 후회했으며, 그러한 행위는 아무런 이익도 가져올 수 없으므로 그런 행위를 더 이상 되풀이하지 않을 것이라고 결심했다. 그런데 이 창조적 죄의식은 우리들 사이에서 소멸되지 않고 있다. 우리들은 이 죄의식이 신경증 환자들에게 있어서 비사교적으로 작용하고 있는 것을 발견한다. 신경증 환자들은 새로운 도덕 명령과 제약을 계속해서 만들며, 이것을 이미 저지른 범죄에 대한 속죄로, 그리고 새로 저지르는 범죄에 대한 경계로 취한다. 그러나 만일 우리들이, 이 신경증 환자들에게 있어서 그와 같은 반응을 야기한 행위를 찾으려 하면, 우리들은 실망하게 될 것이다. 우리들이 발견하는 것은 행위가 아니고, 악을 요구하기는 하지만 행동으로 수행되지 못한 충동과 감정 자극일 뿐이다. 신경증 환자의 죄의식에는 사실적 현실이 아니라 심리적 현실만 기본으로 깔려 있다. 신경증

우스의 죽음(La Mort d'Orphée)〉, 100쪽.

은 다음의 사실을 통해서 특징지어진다. 즉 신경증은 심리적 현실을 사실적 현실 위에 자리 잡게 하며, 오직 정상적인 현실에만 진지하게 반응하는 것과 마찬가지로 신경증은 사고(Gedanken)에 진지하게 반응한다.

원시인들도 신경증 환자와 유사하게 행동할 수 있었을까? 원시인들이 자기들의 심리적 활동을 지나치게 과대평가하는 것은 그들의 자기애적 조직의 부분적 현상이라는 우리들의 생각은 정당하다. 따라서 아버지에 대한 단순한 적개심의 충동은 토테미즘과 터부를 창조한 저 도덕적 반응을 산출해 내기 위해서 아버지를 죽여서 찢어발기는 환상적 소원의 존재를 건네줄 수 있었을 것이다. 따라서 우리들은, 우리가 당연히 자랑스럽게 여기는 우리의 문화유산의 시작을 우리들의 모든 감정을 상하게 하는 무서운 범죄로 되돌려 놓아야 하는 필연성을 피할 것이다. 그와 같은 시작으로부터 우리들의 현재에까지 이르는 인과적인 결합은 이 경우 아무런 손상도 입지 않는다. 왜냐하면 심리적 현실(die psychische Realität)은 이 모든 결과들을 감당할 수 있을 만큼 충분히 중요할 것이기 때문이다. 이에 반해서 사람들은 다음처럼 반박할 것이다. 즉 아버지 무리의 형식으로부터 형제들 씨족의 형식으로의 사회 변화가 실제로 일어난 것이다. 이것은 강한 논거이기는 하지만 결정적인 것은 아니다. 이 변화는 또 폭력적인 방식으로 생길 수 있었을 것이지만, 도덕적 반응의 출현에 대한 조건을 포함할 수 있었을 것이다. 원초적 아버지의 압박을 감지할 수 있는 한에 있어서 아버지에 대한 적대적 감정은 정당한 것이었으며, 이 적대감에 대한 후회는 또 다른 시점을 기다리지 않으면 안 되었다. 아버지에 대한 감정 양립적 관계에서 도출된 모든 것, 곧 터부와 봉헌 명령도 최고의 진지함과 가장 완전한 현실의 성격 자체를 짊어진다는 두 번째 반론도 마찬가지로 증거가 충분치 못하다. 강박 신경증 환자의 의례(儀禮)와 억제도 이와 같은 특징을 보이지만, 이것은 단지 심리적 현실만을, 곧 의도만을 근거로 삼으며 실행으로 되돌아가지는 않는다. 우리들은 물질적 가치가 넘쳐나는 냉정한 현실 세계로부터 단지 생각하기만 하고 소원하기만 한 것을 과소평가하여 원시인과 신경증 환자들의 오직 내면적으로만 풍부한 세계속에 적용하지 않도록 조심하지 않으면 안 된다.

여기에서 우리들은 실제로 쉽지 않은 결단을 내려야 한다. 그러나 다음과 같은 고백부터 먼저 하자. 즉 다른 사람들에게는 근본적으로 여겨질 수 있는 구분이 우리가 판단하기에는 대상의 본질에 맞추지 못하는 것이다. 만일 원시인들에게 있어서 소원과 충동이 사실에 관한 완전한 가치를 가진다면, 우리들은 우리들의 척도에 따라서 이러한 견해를 수정하는 대신에 그와 같은 견해를 충분히 이해하면서 따라가야만 할 것이다. 그러나 다음으로 우리들로 하여금 이와 같은 의심을 하도록 한 신경증의 전형을 한층 더 예리하게 검토해 보기로 하자. 오늘날 지나치게 도덕적으로 억압당하는 강박 신경증 환자가 오직 유혹에 관한 심리적 현실에 대해서만 자신을 방어하고 단지 심리적으로 느낀 충동 때문에 자신을 벌한다고 한다면 이러한 사실은 옳지 않다. 여기에는 역사적 현실의 일부도 있다. 이와 같은 사람들은 어린 시절에 오직 악한 충동에만 사로잡혔고, 어린 아이의 무력함 속에서도 그와 같은 역사적 현실의 일부를 행할 수 있는 한에 있어서 이러한 충동을 행위로 옮겼다. 이러한 지나치게 착한 사람들 각자는 어린 시절에 악한 시기를 가지고 있었고, 뒷날의 지나친 도덕적 시기의 선구이며 전제로서의 전도된 국면을 가지고 있었다. 따라서 만일 우리들이 다음처럼 가정한다면, 미개인과 신경증 환자의 유사점은 훨씬 더 근본적으로 정립된다. 즉 앞의 예에서 그 형성을 전혀 의심할 수 없는 심리적 현실은 처음에 사실적 현실과 일치하며, 미개인들은 모든 정황으로 보아 자기들이 행동하려고 의도한 것을 실제로 행했던 것이다.

미개인에 관한 우리들의 판단이 또한 신경증 환자와의 유사성에 의해서 지나치게 많이 영향 받아서는 안 된다. 양자 사이의 차이도 우리는 고려해야만 한다. 우리들이 사고와 행동(Denken und Tun)을 명확히 구분하는 것과는 달리 미개인과 신경증 환자 양자에게 있어서는 확실히 그러한 구분이 존재하지 않는다. 그러나 신경증 환자는 무엇보다도 우선 행동에서 저지당한다. 신경증 환자에게 있어서 사고(Gedanke)는 행위에 대한 완전한 대체물이다. 미개인들은 저지당하지 않으며 사고는 곧장 행위로 옮아간다. 미개인에게 행위는, 말하자면 오히려 사고의 대체물이고, 따라서 나는 이렇게 생각한다. 즉 최종적인 확실성을 가지고 결정을 내리지는 않겠지만, 우리들이 논의하는 경우에서 사람들은 물론 다음과 같이 가정할 수 있다. 태초에 행동이 있었다(Im Anfang war die Tat).[77)]

---

77) (옮긴이 주) 괴테의 《파우스트》, 제1부 참조. 프로이트의 《집단심리학과 자아 분석》, 《환상의 미래》, 《인간 모세와 일신교》 등도 참조할 것.

해설

프로이트의 《토템과 터부》(1912~1913)는 《꿈의 해석》(1900)과 《정신분석학 입문 강의》(1916~1917) 사이에 자리 잡는 가장 중요한 저술이면서 《정신분석학 입문 강의》의 내용을 예견하게 할 뿐만 아니라 프로이트의 사회인류학과 아울러 사회심리학에 대한 지대한 관심을 보여주는 빼어난 작품이기도 하다. 《토템과 터부》는 1912년부터 1913년까지 프로이트가 편집인으로 있었던 잡지 《이마고(Imago)》에 네 차례에 걸쳐서 발표한 논문을 묶은 것이다. 이 책은 모두 4부로 구성되었으며 각각은 《이마고》에 발표된 논문 그대로다. 1912년 《이마고》에 발표한 첫 번째 논문의 원래 제목은 〈미개인과 신경증 환자의 정신생활에서 몇 가지 일치점들에 관하여(Über einige Übereinstimmungen im Seelenleben der Wilden und der Neurotiker)〉이며 두 번째부터 네 번째까지의 논문 제목도 첫 번째 논문의 제목과 같았다. 1913년 네 논문이 한 권의 책으로 출판되면서 《토템과 터부》라는 제목을 가지게 되었다.

《토템과 터부》에서 프로이트는 원시사회의 가족 관계를 분석하면서 오이디푸스 콤플렉스의 중요성을 크게 부각하는 동시에 종교의 가장 원초적인 형태를 토템에서 찾으면서 종교의 윤리, 도덕적인 기원이 터부에 있다고 주장한다. 토템은 씨족 전체와 아주 특별한 관계를 맺는다. 토템은 먹을 수 있는 짐승일 수도 있고 해롭거나 이로운 동물일 수도 있으며 때로는 식물일 수도 있다. 토템을 소유한 씨족 구성원들 사이에서는 근친상간이 금지되어 있어서 족외혼(Exogamie)이 성립한다.

프로이트는 원시사회에서 같은 종족 안의 근친상간(Inzest)이 금지된 이유는 생물학적 근거가 아니라 사회학적 근거에 있다고 본다. 서로 다른 종족 사이에서 성이 교환됨으로써 문화 왕래가 이루어지고 의사소통의 길이 열린다. 매년 씨족 구성원들은 한 번씩 토템 짐승을 죽여서 그것을 먹는 의식(儀式)을 거행했다. 원시인들은 힘센 가장들과 그들의 여자들로 구성되는 작은 집단 사회에서 매일을 보냈다. 남자아이들은 일단 성인이 되면 여자를 얻기 위해서 늙은 아버지를 살해하고 심한 경우에는 아버지를 먹어치우기까지 했다. 그러나 사람들은 끔찍한 근원적 성적 범죄에 대해서 깊은 죄책감을 느끼게 되었다. 그래서 근친상간과 살인을 금지하는 토템법에 해당하는 터부

(금기)가 자연히 성립하게 되었다. 프로이트는 이러한 성적 충동의 원천적 억압을 일컬어 오이디푸스 콤플렉스라고 불렀다. 오이디푸스 콤플렉스는 이미 인간의 문화·종교·예술·정치·사회의 시초에 깊이 뿌리내리고 있는 것이다. 토템은 터부(금기)를 동반한다. 프로이트는 미개인들의 터부를 강박 신경증과 유사한 것으로 본다. 터부와 강박 신경증은 모두 외부의 권위에 의해서 금지된 것이다. 프로이트의 분석에 따르면 터부는 적에게 결합된 것, 추장(지도자)에게 결합된 것, 그리고 죽은 자에게 결합된 것 등 세 종류가 있다. 프로이트는 더 나아가서 적과 연관된 터부 사용의 네 종류를 말하는데, 그것들은 살해당한 적과의 화해, 제한된 터부, 살인자의 속죄와 정화, 의식적(儀式的) 세획 등이다. 특히 흥미로운 것은 원시인들의 지배자에 대한 관계가 바로 아이의 아버지에 대한 관계와 여러 면에서 흡사하다는 것이다. 이러한 해석은 오이디푸스 콤플렉스를 염두에 둔 것이다.

미개인들에게 있어서 죽은 자에게 결합된 터부는 무의식적인 적개심을 가지지만, 원시인들은 적개심의 대상인 죽은 자와 화해하고 적개심을 방어함으로써 방어 과정으로서의 투사(Projektion)가 일어난다. 투사 과정에서 무의식적인 적개심의 억압은 의식을 형성하며 의식이 행해지는 동안 죽은 자에 대한 애도는 억압 갈등을 완화하며, 따라서 죽은 자에 대한 터부는 약화되거나 망각된다. 이런 관점에서 프로이트는 터부(금기)를 감정 양립 갈등의 절충 증세라고 말한다. 프로이트는 민족학의 자료를 사용하면서도 결국 정신분석학의 입장에서 종교적 정신 과정을 분석함으로써 종교적 신앙은 감정 양립 불균형의 억압에서 생긴다고 주장한다.

프로이트의 《토템과 터부》는 한편으로는 오이디푸스 콤플렉스의 의미를 명백히 밝히면서 다른 한편으로는 종교(특히 기독교)의 근원을 파헤친다. 일반적으로 우리는 프로이트의 정신분석학이 지나치게 개인심리학적인 측면만을 가진다고 보기 쉽지만 이 책만 보더라도 프로이트의 정신분석학은 이미 1910년부터 사회심리학적인 성격을 가지고 있었다는 사실을 잘 알 수 있다.

지은이에 대해

지그문트 프로이트(Sigmund Freud, 1856~1939)는 마르크스, 니체 등과 함께 현대의 3대 혁명적 사상가로 꼽히는 인물이다. 마르크스는 종래의 관념론을 해체하고 유물변증법적 기초에서 인간의 정치 · 경제적 평등을 부르짖으면서 과학적 사회주의의 건설을 촉구했다. 니체는 예술가-철학자의 입장에서 종래의 합리주의적 허무주의를 타파하고 힘에의 의지를 근본으로 창조적인 초인(위버멘슈)상을 구축하고자 했다. 그런가 하면 프로이트는 의식 일변도의 심리학을 해체하고 종래에는 은폐되었던 무의식의 세계를 들추어냄으로써 의식과 무의식의 균형을 추구하고 건강한 정신 상태를 되찾으려고 노력했다.

프로이트가 죽은 지도 꽤 오래되었고 그동안 뇌 의학을 비롯해서 생화학 · 생명공학 등이 눈부시게 발달한 결과, 프로이트의 정신분석학 이론 중 많은 부분이 정당성을 주장하기 어렵게 된 것이 사실이다. 그런데도 인간 정신에 관한 학문, 실험 및 치료 등 모두가 인간의 정신적 사고와 불가분적으로 연관되어 있으므로 현대를 살아가는 우리는 어떤 특정한 정신적 문제에 대해서는 프로이트의 정신분석학을 참조하지 않을 수 없다.

프로이트는 1856년 5월 6일 모라비아의 프라이베르크에서 유대인 부모 사이에서 태어났다. 프로이트는 김나지움과 빈 대학 의학부에서 학업 성적이 타의 추종을 불허하는 출중한 학생이었다. 그가 의대를 택하게 된 가장 큰 원인은 다윈의 《종의 기원》과 괴테의 《자연》을 읽은 것이었다. 그는 대학에서 브뤼케 교수의 지도를 받으면서 해부학과 생리학에 심취했다. 1881년 의학박사 과정을 졸업하면서 대학교수직을 꿈꾸어 보기도 했으나 당시 유대인은 일체의 공직은 물론이고 정식으로 교사나 교수가 되어 김나지움이나 대학에서 가르치는 것도 불가능했다.

프로이트는 1885년 파리 살페트리에르 병원장 샤르코 밑에서 장학생으로 약 5개월간 연구하면서 히스테리와 최면술에 특히 관심을 가졌는데, 이것은 장차 정신분석학을 창안하는 데 매우 중요한 동기가 된다. 1886년에 마르타 베르나이스와 결혼했으며, 개인 병원을 개원하고 신경증 환자들을 치료하기 시작했다. 그는 치료와 동시에 정신 노이로제에 관한 많은 자료들을 수집하고 논문을 발표했다. 그는 《꿈의 해석》(1900)과 《정신분석학 입문 강의》(1915~1917) 등 두 권의 방대한 저서를 출판하면서 심리학을 넘어서 메타심리학으로서의 정신분석학이라는 새로운 분야를 독자적으로 창안하게 되었다.

1906년에는 카를 구스타프 융이 프로이트 정신분석학의 신봉자가 되었으나 1914년 융은 프로이트의 리비도 이론이나 오이디푸스 콤플렉스 이론에 반대해 프로이트와 결별을 선언한다. 그러나 프로이트는 자신의 정신분석학 연구를 계속하면서 《쾌락 원리의 저편》(1920), 《자아와 이드》(1923), 《환상의 미래》(1927), 《문화에서의 불안》(1930) 등을 출판했다. 1938년 프로이트는 딸 아나 프로이트와 함께 히틀러의 유대인 박해를 피해 런던으로 망명했다. 그는 1923년부터 1939년 죽을 때까지 16년 동안 서른세 번에 걸쳐 구강암 수술을 받으면서도 끊임없이 연구와 저술에 온 생애를 바친 인물이다. 프로이트의 이론을 기초로 삼아 독자적인 정신분석학을 전개한 인물은 수없이 많지만 그중에서도 가장 대표적인 인물로는 프랑스의 현대 정신분석학을 통일한 자크 라캉이 있다.

옮긴이에 대해

강영계는 서울대학교 철학과를 졸업하고 독일 뷔르츠부르크 대학교에서 박사학위를 취득했다. 현재 건국대학교 철학과 명예교수이며 중국 서북대학교 객좌교수이고 한국니체학회 고문이다. 독일 프라이부르크 대학교와 프랑스 스트라스부르 대학교에서 교환교수로 연구했고, 건국대학교 문과대학장과 부총장, 한국니체학회 회장을 역임했다.

저서로는 《기독교 신비주의 철학》(철학과현실사), 《사회철학의 문제들》(철학과현실사), 《니체와 예술》(한길사), 《정신분석 이야기》(건국대 출판부), 《헤겔, 절대정신과 변증법 비판》(철학과현실사), 《청소년을 위한 철학 에세이》(해냄), 《사랑학 강의》(새문사), 《마르크스, 니체, 프로이트 철학의 끌림》(멘토프레스) 등이 있다. 역서로는 스피노자의 《에티카》(서광사), 브루노의 《무한자와 우주와 세계》(한길사), 니체의 《차라투스트라는 이렇게 말했다》(지식을만드는지식), 《인간적인 것, 너무나 인간적인 것》(지식을만드는지식), 《도덕의 계보학》(지식을만드는지식), 《선과 악의 저편》(지식을만드는지식), 쾨르너의 《칸트의 비판철학》(서광사), 하버마스의 《인식과 관심》(고려원), 프로이트의 《문화에서의 불안》(지식을만드는지식), 《꿈의 해석》(지식을만드는지식) 등이 있다.

원서발췌 토템과 터부

지은이 지그문트 프로이트
옮긴이 강영계
펴낸이 박영률

초판 1쇄 펴낸날 2013년 9월 2일
개정1판 1쇄 펴낸날 2025년 9월 12일

지식을만드는지식
출판등록 제313-2007-000166호(2007년 8월 17일)
02880 서울시 성북구 성북로 5-11
전화 (02) 7474 001, 팩스 (02) 736 5047
commbooks@commbooks.com
commbooks.com

지식을만드는지식은
커뮤니케이션북스(주)의 고전 출판 브랜드입니다.

ISBN 979-11-430-1199-2 03160

책값은 뒤표지에 있습니다.